LIKÖR
BOWLE
SIRUP

Oskar Marti

LIKÖR BOWLE SIRUP

400 Rezepte aus der Natur
mit und ohne Alkohol

AT Verlag

Rezepte ohne Alkohol sind mit * gekennzeichnet.

Für viele der Getränke werden Zubereitungen aus anderen Rezepten, z. B. Sirupe, als Zutat verwendet. Siehe dazu jeweils im Rezeptverzeichnis, Seite 188.

In einzelnen klassischen Likörrezepten werden Mischungen zahlreicher Kräuter- und Würzzutaten in kleinsten Mengen verwendet. Diese Mischungen lassen Sie sich am besten in der Apotheke zusammenstellen.

Erklärungen zu speziellen Zutaten und Hilfsmitteln finden Sie im Glossar, Seite 184.

AT Verlag, Baden und München
Fotos: Ulla Mayer-Raichle, Kempten; Bild Seite 106: Roger Kalbermatten, Kesswil
Lithos: AZ Print, Aarau
Druck und Bindearbeiten: AZ Druck und Datentechnik, Kempten
Printed in Germany

ISBN 3-03800-212-7

www.at-verlag.ch

Inhaltsverzeichnis

Vorwort

Frühling liegt in der Luft ... Die ersten warmen Sonnenstrahlen wecken die Natur aus dem Winterschlaf. Schlüsselblumen, Huflattich und Veilchen verbreiten ihren verführerischen Duft. Ein ganzes Pflanzen-, Blüten- und Früchtejahr steht vor der Tür, und sein Rhythmus bestimmt auch die Ordnung dieses Buches.

Lassen Sie sich hinauslocken in Feld und Wald, entdecken Sie die Vielfalt der natürlichen Düfte und Aromen! Eine Fülle von Rezepten zeigt Ihnen, wie Sie diese einfangen und konservieren können – damit Sie sich dann bei Bedarf jederzeit wieder an das große Wunder der Natur erinnern können.

Überall und von jeher werden zum Zeichen der Gastfreundschaft Getränke angeboten. Sie geleiten uns durch gemütliche Stunden und fröhliche Feste. Sie entspannen, regen an und bringen Menschen einander näher. Und dies gilt ganz besonders für liebevoll selbst zubereitete Kreationen. Finden Sie Ihr Lieblingsgetränk, überraschen Sie Ihre Gäste mit einem selbstgemachten Fruchtwein oder Hausschnaps! Wie einfach sich Sirupe, Liköre und Drinks herstellen lassen, zeigen Ihnen die Rezepte in diesem Buch. Dazu erfahren Sie viel Wissenswertes über Konservierung, Gärtechniken und verschiedene Herstellungsverfahren.

Ich wünsche Ihnen viel Spass und gutes Gelingen – und ein Prosit auf Ihre Gesundheit!

Oskar Marti

März

Das Geburtstagsgetränk des Fisches
19. Februar bis 20. März

Fische-Geborene besitzen eine große Sensibilität, die es ihnen erlaubt, besser als andere auf ihre Umwelt einzugehen. Sie sind sehr entgegenkommend und suchen die Sympathie von Gleichgesinnten. Nicht selten werden Freundschaften an der Bar, bei einem guten Wein oder einem Drink geschlossen. Fische lieben das Wasser und die Flüssigkeit. Je später der Abend, umso mehr tauen sie auf …

Des Fisches Paradieswasser

Für 2 Personen

½ reifer säuerlicher Apfel
5 cl Limettensaft
4 cl Veilchensirup (ersatzweise Holunderblütensirup)
2 cl Gravensteinerbrand oder Calvados
2 Esslöffel Crushed Ice
Champagner
Veilchenblüten

Den Apfel von Stiel, Schale und Kerngehäuse befreien und in Stücke schneiden. Die Zutaten mit Crushed Ice und einem kleinen Schuss Champagner im Mixer gut durchmixen. In vorgekühlte Gläser gießen und mit einem Schuss Champagner auffüllen. Mit 1–2 Veilchenblüten dekorieren.

Huflattichsirup*

Ergibt 2 Liter

600 g Huflattichblüten
2 l Wasser
4 Zitronenscheiben (1 Zitrone)
4 Orangenscheiben (1 Orange)
2 kg Zucker

Die verlesenen und gewaschenen Huflattichblütenköpfchen mit einem Wiegemesser grob hacken. Alle Zutaten zusammen in einen Topf geben. Auf den Siedepunkt bringen und zugedeckt etwa 2 Minuten ziehen lassen. Den Tee durch ein Passiertuch gießen und dann etwa 1½ Stunden einkochen lassen. In heiß ausgespülte Flaschen abfüllen und verkorken.

Tipps:
Der Sirup dient als Basis für Tees, Bowlen, Mixgetränke.
Die ausgekochten Huflattichblüten für Huflattichlikör (siehe rechts) verwenden.
Für **Huflattichmilch** Milch während des Erhitzens mit dem Schneebesen schlagen, zuletzt mit Huflattichsirup nach Geschmack parfümieren und süßen.
Für **Huflattichtee** Linden- oder Hagebuttentee mit Huflattichsirup süßen. Beides hilft bei Husten!

Einer der ersten Boten des Frühlings ist der Huflattich, den man vorzugsweise auf lehmigen Böden an Weg- und Grabenrändern, in Kiesgruben, an Bahndämmen und auf Schuttplätzen findet. Er gehört zur Familie der Korbblütler. Seinen Gattungsnamen Tussilago verdankt er seiner Heilwirkung bei Husten (lateinisch 'tussis' für Husten).

Huflattichlikör

Ergibt 1 Liter

Huflattichblüten vom Herstellen des Sirups
(ohne die Zitronen- und Orangenscheiben)
1 l Obstbranntwein (41 Vol.-%)
100 ml Huflattichsirup
gelbe Lebensmittelfarbe

Alle Zutaten bis auf die Lebensmittelfarbe in einen Topf geben, gut durchrühren und 5–6 Tage ziehen lassen. Filtrieren und mit ein paar Tropfen gelber Lebensmittelfarbe leicht einfärben. In Flaschen abfüllen und verkorken.

Huflattich-Zitronenlimonade*

Für 2 Personen

400 ml Wasser
2 Zitronen, Saft
4–5 Esslöffel Huflattichsirup

Alle Zutaten mischen und gut durchrühren.
In Wassergläser anrichten und genießen.

Frühlingsblütenbowle

Für 6 Personen

6 Zitronen, Saft
400 ml halb Schlüsselblumensirup, halb Huflattichsirup
(oder nur einer davon)
200 ml Portwein
1 Flasche Weißwein (Riesling)
1 Flasche Champagner oder Sekt
300 ml Mineralwasser mit Kohlensäure

Zitronensaft, Sirup und Portwein in eine Bowlenschüssel geben, aufrühren und zugedeckt 20–30 Minuten an einem kühlen Ort stehen lassen. Kurz vor dem Servieren den gekühlten Weißwein hinzugeben, umrühren und zuletzt mit dem Champagner oder Sekt und mit dem Mineralwasser aufgießen. In vorgekühlten Bowlen oder Sektschalen servieren.

Veilchenbowle

Für 6–8 Personen

100 ml Cognac
1 Zitrone, Saft
1 Orange, in Scheiben geschnitten
1 Flasche Beaujolais
300 ml Veilchensirup
1 Flasche eisgekühlter Rosé-Champagner oder -Sekt
8–12 Veilchenblüten, in Eiswürfeln eingefroren

Cognac, Zitronensaft und Orangenscheiben etwa ½ Stunde in der Bowlenschüssel an einem kühlen Ort ziehen lassen. Den Rotwein und den Veilchensirup dazugeben. Die Orangenscheiben herausnehmen. Jeweils eine Portion Bowle in Gläser gießen und mit Champagner oder Sekt auffüllen. In jedes Glas einen Veilchenblüten-Eiswürfel geben und servieren.

Veilchensirup*

Ergibt 4 Liter

1 Litermaß frische wohlriechende Veilchenblüten, um die Mittagszeit gesammelt
3 l Wasser
2 kg Zucker
3 Zitronen
60 g Zitronensäure (in Drogerien und Apotheken erhältlich)

Wasser und Zucker verrühren, in einen Topf geben und aufkochen. Auskühlen lassen. Die Veilchenblüten, die in Scheiben geschnittenen Zitronen und die Zitronensäure gut unter das kalte Zuckerwasser mischen. 5 Tage an einem kühlen Ort zugedeckt stehen lassen. Danach abseihen, in Flaschen abfüllen und verkorken. Kühl aufbewahren. Veilchensirup ist nur beschränkt haltbar (ca. 4 Wochen).

Tipps:
Für einen Sirup, der bis zu einem Jahr haltbar ist, geben Sie auf 3 Liter Flüssigkeit ein halbes Gramm Natriumbenzoat hinzu. Das Natriumbenzoat mit etwas Sirup anrühren, gut vermengen und vor dem Abfüllen unter den Veilchensirup mischen.
Für **Veilchenlimonade** 2 Esslöffel Veilchensirup mit 200 ml Mineralwasser aufspritzen.

Ein Veilchen auf der Wiese stand, gebückt in sich und unbekannt. Es war ein herzig's Veilchen.
Johann Wolfgang Goethe

Veilchentee*

Ergibt 300 Milliliter

1 Teelöffel getrocknete Veilchenblüten
300 ml kochendes Wasser
Honig nach Bedarf oder Veilchensirup

Das kochende Wasser über die Veilchenblüten gießen und den Tee 5 Minuten ziehen lassen. Dann durch ein Sieb abgießen und nach Geschmack mit Honig oder mit Veilchensirup süßen.

Übrigens:
Veilchengetränke und kandierte Veilchenblüten waren die Lieblingsaromen und -düfte der Kaiserin Sissi.

Heißer gewürzter Orangen-Veilchen-Tee*

Ergibt 3½ Liter

3 l heißer starker Schwarztee
10 Nelken
350 ml frisch gepresster Orangensaft
80 ml frisch gepresster Zitronensaft
250 g Honig
200 ml Veilchensirup
Orangen- oder Zitronenscheiben

Die Nelken in den Tee geben und bei schwacher Hitze 5 Minuten ziehen lassen. Den Tee durch ein Sieb abgießen. Die frisch gepressten Säfte und den Honig hinzufügen. Alles gut verrühren und erhitzen. Zuletzt den Veilchensirup dazugießen. Mit Orangen- oder Zitronenscheiben garniert servieren.

Papas Aronenkrautlikör

Ergibt ¾ Liter

1 Litermaß zarte Aronenkrautblätter
200 g Zucker
¾ l Birnentresterbranntwein
einige Tropfen grüne Lebensmittelfarbe oder
ausgepresster Saft von 150 g gehackter Petersilie

Die Aronenkrautblätter waschen und trockentupfen. In ein Sterilisierglas schichten und jede Schicht mit Zucker bestreuen. Das Glas mit Birnentrester auffüllen und gut verschlossen 14 Tage an die Sonne stellen. Dann die Flüssigkeit durch ein Stück Gaze abseihen und mit etwas Lebensmittelfarbe oder Petersiliensaft grün einfärben. In Flaschen abfüllen und gut verschließen. Vor Licht geschützt aufbewahren, damit die schöne grüne Farbe des Likörs erhalten bleibt.

Jeden Frühling, wenn die ersten zarten Blätter des Aronstabs am nahe gelegenen Bachufer oder im leichten, feuchten Buchenwäldchen den Boden bedeckten, war es Zeit, auf einem Sonntagsspaziergang die Blätter für Papas Kräuterlikör zu sammeln und anzusetzen.

Schlüsselblumensirup*

Ergibt 1 Liter

300 g Schlüsselblumenblüten
1 l Wasser
3 Zitronenscheiben
3 Orangenscheiben
1 kg Zucker

Die sauber verlesenen Blütenköpfe mit den übrigen Zutaten mischen und in einen Kochtopf geben. Zugedeckt aufkochen und 20 Minuten ziehen lassen. Den klaren Saft durch ein gebrühtes Passiertuch gießen. Den Tee etwa 1½ Stunden einkochen, dann heiß in Flaschen abfüllen und verkorken. Der Sirup eignet sich ausgezeichnet zum Süßen von Tees, Milchgetränken und Bowlen.

Frühlingsküsselikör

Ergibt 1 Liter

1 Tasse frische wohlriechende Veilchen
1 Tasse Huflattichblüten
1 Tasse Schlüsselblumenblüten
3 Zitronen, fein abgeschälte Schale
120 g Honig
1 l Williamsschnaps (41 Vol.-%)
einige Tropfen Jasminessenz
einige Tropfen gelbe Lebensmittelfarbe

Die Blüten mit den Zitronenschalen, dem Honig und dem Williamsschnaps mischen, alles gut verrühren und 5–6 Tage ziehen lassen. Das Gemisch filtrieren, mit Jasminessenz parfümieren und mit gelber Lebensmittelfarbe leicht einfärben. In Flaschen abfüllen, verkorken und etwa 4 Wochen ruhen lassen.

Frühling
Die aufregendste Zeit des Jahres. Die Natur ist im Aufbruch, jeder Tag bringt sie einen Schritt weiter. Nie blühen so viele Blumen und Blüten, nie ist die Luft ebenso geschwängert von Düften und Parfums. Die Natur lädt uns ein, regt Fantasie und Kreativität an und lässt Traditionen weiter aufleben. Nichts, was in dieser Zeit gedeiht und sprießt, ist zu gering, um verwendet zu werden.

Karotten-Orangen-Schlüssel-blumensaft*

Ergibt ¾ Liter

500 g Karotten, grob gehackt
2 Orangen, geschält und halbiert
3 Esslöffel Crushed Ice
100 ml Schlüsselblumensirup
2 Esslöffel Sauerrahm
Schlüsselblumenblüten

Die gehackten Karotten mit den halbierten Orangen, dem Crushed Ice und dem Schlüsselblumensirup in den Entsafter geben und den Saft auspressen. In Gläser füllen, mit Sauerrahm beträufeln und mit Schlüsselblumenblüten garnieren.

Tipps:
Die abgeseihten Schlüsselblumenblüten nicht wegwerfen, sondern für Schlüsselblumenlikör verwenden (Zubereitung wie Huflattichlikör, siehe Seite 10).
Mit dem Sirup lassen sich **Schlüsselblumenmilch, Schlüsselblumentee und Schlüsselblumen-Zitronenlimonade** zubereiten (siehe die entsprechenden Rezepte mit Huflattich; anstelle von Huflattichsirup jeweils Schlüsselblumensirup verwenden).

Geselligkeitspunsch

Für 10 Personen, ergibt 4 Liter

- 1 l Wasser
- 1 Strauß Schlüsselblumenblüten
- 200 g Huflattichblüten
- 1 Vanilleschote
- 15 g getrocknete Orangenblüten
- 600 g Zucker
- 1 Zitrone, Saft
- 6 Orangen, Saft
- 120 ml Maraschino
- je 1 Flasche trockener Weißwein, Rotwein (Médoc) und Madeira
- ½ l Arrak

Das Wasser aufkochen, Schlüsselblumenblüten, Huflattichblüten, die der Länge nach aufgeschlitzte Vanilleschote, die Orangenblüten und den Zucker beigeben, aufrühren und zugedeckt etwa 8 Minuten ziehen, dann abkühlen lassen. Durchseihen und mit den restlichen Zutaten vermischen, bis kurz vors Kochen bringen und heiß servieren.

Tipp:
Laden Sie zum Frühlingsbeginn zu diesem Punsch Menschen ein, mit denen Sie noch keinen oder kaum Kontakt haben, Nachbarn, Verwandte, Arbeitskollegen. Dazu passt ausgezeichnet eine Biskuitroulade oder süßes Kleingebäck.

Joghurtgetränk mit Schlüsselblumensirup*

Ergibt ½ Liter

- 400 ml Joghurt nature
- 3–4 Esslöffel Schlüsselblumensirup
- 3 Esslöffel Rahm
- 6 Esslöffel Crushed Ice

Joghurt, Schlüsselblumensirup, Rahm und Crushed Ice im Mixer etwa 30 Sekunden schaumig mixen; dabei löst sich das Crushed Ice fast vollständig auf. Das Getränk in zwei hohe Gläser gießen und servieren. Eventuell mit Schlüsselblumenblüten dekorieren.

Tipps:
Das Joghurtgetränk kann auch mit Huflattichsirup zubereitet werden.
Ausgezeichnet schmeckt die Zugabe von frischen Früchten, z. B. einem halben geschälten und entkernten Apfel, einer halben Birne oder einer halben Banane oder auch mit einem Esslöffel Aprikosenkonfitüre. Versuchen Sie andere Variationen!

April

Das Geburtstagsgetränk des Widders
21. März bis 20. April

Der Widder ist manchmal eigensinnig, aber auch energisch und zupackend. Ordnet er diese Eigenschaften seinem Ehrgeiz unter, ist ihm oft Erfolg beschieden. Widder sind nicht besonders geduldig und auch nicht sehr ausdauernd, was sie aber mit ihrem Organisationstalent und ihrer Hilfsbereitschaft spielend wettmachen. Der Widder ist ein großer Feinschmecker, der gerne isst und trinkt. Ihm entsprechen charaktervolle, sinnliche Drinks und kräftige Weine.

Der Widder sieht rot!

Für 2 Personen

6 cl Wodka
3 cl Kirsch
3 cl Cointreau
10 cl frisch gepresster Grapefruitsaft
2 Esslöffel Crushed Ice
2 Spritzer Grenadinesirup
2 Maraschinokirschen

Wodka, Kirsch, Cointreau und Grapefruitsaft mit dem Crushed Ice im Mixer kurz gut durchmixen. In vorgekühlte Cocktailgläser gießen und mit einem Spritzer Grenadinesirup abrunden. Die Kirsche auf den Rand des Cocktailglases setzen.

Frühlingsromanze

Für 2 Personen

2 große Kugeln Vanilleeis, halb angetaut
8 cl Whisky
1 Esslöffel Löwenzahnblütensirup
4 Esslöffel Kaffeerahm
Schokoladenstreusel

Alle Zutaten in eine Schüssel geben und mit dem Schneebesen verrühren, bis eine leicht schaumige Creme entstanden ist. In Kelchgläser füllen und mit Schokoladenstreusel bestreuen.

Osterzeit – Frühlingserwachen, Glück und neues Leben. Eier, Schokolade, Blumen, Blüten und Kräuter liegen förmlich in der Luft und beflügeln die Fantasie. Weshalb nicht eine Einladung zum Osterdrink?

Tipp:
Ein schönes Ostergeschenk anstelle von gekochten Eiern oder Schokoladenosterhasen.

Warum der Osterhase Eier legt
Die Legende vom Osterhasen, der die Eier ins Osternest legt, wird den Kindern erst seit dem Anfang des 19. Jahrhunderts erzählt. Das Ei als Fruchtbarkeitssymbol spielte aber schon beim heidnischen Frühlingsfest zu Ehren der Göttin Ostara ein wichtige Rolle. Mond, Hase und Ei sind die bekanntesten Sinnbilder der Fruchtbarkeit. Die Vorstellung vom Eier legenden Osterhasen ist daher wohl nichts anderes als eine Potenzierung der Fruchtbarkeitssymbolik. Im Osterfest haben sich heidnischer Kult, christliche Rituale und frühlingshafte Impulse vermischt. Vielerorts haben sich alte Osterbräuche, wie das Eierfärben oder das Herstellen von Eiergetränken, erhalten.

Eierlikör

Ergibt 1¾ Liter

8 frische Eier
600 g Puderzucker
1 Päckchen Vanillezucker
200 ml Kirsch
200 ml Cognac
200 ml Malaga
½ l Kondensmilch oder Rahm

Eier, Zucker und Vanillezucker schaumig rühren, bis eine cremige helle Masse entsteht. Die Spirituosen und die Kondensmilch oder den flüssigen Rahm beimischen und in Flaschen abfüllen. Vor Gebrauch stets schütteln.

Oster-Sherry-Egg-Nog

Ein weicher, sinnlicher Drink mit sämiger Konsistenz. Vorsicht: Kann süchtig machen!

Für 2 Personen

8 cl Sherry
2 Teelöffel Zucker
1 Ei und 1 Eigelb
200 ml Milch
5 cl Kaffeerahm
4 Esslöffel Crushed Ice
Schokoladenpulver
4–6 Sauerkleeblätter oder -blüten

Alle Zutaten bis und mit Crushed Ice in den Mixer geben und gut durchmixen, bis eine samtige Konsistenz erreicht ist. In gekühlte Longdrinkgläser seihen, mit Schokoladenpulver bestreuen und mit Sauerkleeblättern oder -blüten dekorieren.

Osterhasen-Egg-Nog

Für 2 Personen

2 frische Eier
8 cl Cognac
2 Esslöffel Trinkschokoladenpulver (Suchard Express)
4 Teelöffel Zucker
2 Esslöffel Crushed Ice
200 ml Milch
5 cl Rahm
Schokoladenpulver

Eier, Cognac, Trinkschokoladenpulver, Zucker und Crushed Ice im Mixer gut durchmixen, zuletzt Milch und Rahm dazugeben, nochmals kurz aufmixen. In hohe Gläser gießen und mit Schokoladenpulver bestreut servieren.

Birkenwein

Anfang April, wenn bei zunehmendem Mond die Birken geschnitten werden, ist der Baum besonders stark im Saft. Der ausfließende Saft wird in einem Kessel aufgefangen. Ein Ast von 3–5 cm Dicke liefert etwa 5 Liter Saft.

Ergibt 10 Liter

10 l Birkensaft
35 g Weinsäure
1 kg Zucker
30 g Weinhefe
½ l Weißwein

Den Birkensaft mit Weinsäure und Zucker aufrühren, bis alles aufgelöst ist. Die Weinhefe mit handwarmem Weißwein und etwas Birkenzuckerwasser anrühren und alles gut mischen. Im Fass bei 15–18 Grad vergären lassen. Nach der Gärung den Jungwein filtrieren, in Schaumweinflaschen abfüllen und verkorken.

Nach Kräuterpfarrer Künzle gleicht die Brennnessel einem »ruchen Cholderi«, einem Mann mit grimmigem Gebaren, aber gutem Herzen. Alle Teile der Brennnessel, Wurzel, Stengel, Blatt und Blüte, sind heilsam und kräftigend. Sie reinigt Magen und Gedärme, hilft bei längerer Anwendung gegen Magen- und Darmgeschwüre, löst Nieren-, Blasen- und Gallensteine auf, reinigt die Brust von Schleim, lindert Atemnot und Asthma, ist wassertreibend, stärkt die Nerven und reinigt das Blut.

Brennnessel-Trinksuppe*

Für 4 Personen

600 ml Spargel- oder Gemüsebrühe
100 g junge Brennnesseln
50 g frische junge Spinatblätter
100 ml kalte Spargelbrühe
50 g fein gemahlener Weizen
2 Eigelb
5 cl Milch
100 ml Rahm
Salz, Pfeffer, Muskat
4 Esslöffel geschlagener Rahm

Die Spargel- oder Gemüsebrühe aufkochen. Die sauber geputzten und gewaschenen Brennnesselblätter und Spinatblätter in ein Spitzsieb geben und kurz in die kochende Brühe tauchen. Sofort wieder herausheben, damit sich die Blätter nicht verfärben. Mit kaltem Wasser abspülen.
Die Blätter mit der Brühe im Mixer fein pürieren. Weizenmehl, Eigelbe, Milch und Rahm mit dem Schneebesen glattrühren und unter kräftigem Schlagen in die kalte Spargelbrühe einlaufen lassen. Kurz vors Kochen bringen (aber nicht kochen lassen, sonst gerinnt es). Mit Salz, Pfeffer und Muskat würzen. Die pürierten Blätter mit dem Schneebesen darunterrühren und die Suppe in vorgewärmte Kaffeetassen füllen. Ein Häubchen geschlagenen Rahm daraufsetzen und sofort genießen.

Brennnesseltee*

Brennnesselwurzeln gut unter fließendem Wasser abbürsten, fein schneiden und trocknen. Brennnesselblätter können getrocknet oder auch frisch verwendet werden. Zum Sammeln am besten Handschuhe anziehen!
Die getrockneten Wurzeln und Blätter gemischt in die Teetasse geben, mit gekochtem Wasser überbrühen, 3–4 Minuten ziehen lassen und mit Honig süßen.

Tipp:
Noch wirksamer ist der Tee, wenn Sie die Wurzeln und Blätter mit aufgekochtem ungesalzenem Spargelsud übergießen.

Frühlingskur
Der Frühling ist die beste Zeit, um den Körper durch Entwässern oder Entschlacken zu reinigen. Es ist kein Zufall, dass die Natur in dieser Jahreszeit dafür ein besonders breites Angebot bereithält!

Karotten-Kräuterdrink*

Für 2 Personen

500 g Karotten, gewaschen, gewürfelt
1 Sträußchen Kerbel
1 Sträußchen Bachkresse
1 Grapefruit, Saft
2 Esslöffel Honig

Die Karottenwürfel mit den grob geschnittenen Kräutern in den Entsafter geben und auspressen. Den Grapefruitsaft mit dem Honig verrühren. Alles gut miteinander vermischen und sofort trinken.

Spargel-Apfel-Buttermilchdrink*

Für 2 Personen

2 Äpfel
1 Mango
2 Teelöffel Honig
200 ml Buttermilch
300 ml Spargelsud (vom Kochen von Spargeln)
2 Orangen, Saft

Die Äpfel vierteln und entkernen, die Mango schälen und entkernen und beides im Entsafter auspressen. Honig, Buttermilch, Spargelsud und Orangensaft gut verrühren, bis sich der Honig aufgelöst hat, dann den Apfel-Mango-Saft daruntermischen und sofort servieren.

Löwenzahn kommt auf Feldwiesen, Weiden, Äckern und an Wegrändern vor. Seine Blütezeit liegt hauptsächlich im April und dauert bis in den September. Schon meine Mutter sammelte die Blüten und kochte daraus Löwenzahnblütensirup oder Löwenzahnblütenhonig ein.

Löwenzahnblütensirup und -honig*

Ergibt 2½ Liter

2 l Löwenzahnblüten, bei vollem Sonnenschein geerntet
6 Zitronenscheiben, ½ cm dick geschnitten
½ Vanilleschote, der Länge nach aufgeschlitzt
3 l Wasser
3 kg Zucker

Die sauber gewaschenen und von den Stielen befreiten Blütenköpfe grob hacken. Zusammen mit den Zitronenscheiben, der Vanilleschote und dem Wasser aufkochen und zugedeckt 20 Minuten ziehen lassen. Anschließend durch ein gebrühtes Passiertuch gießen.
Den Saft mit dem Zucker etwa 1½ Stunden sanft einkochen lassen. In sauber gewaschene, trockene Flaschen abfüllen und verschließen. Vor Licht, Kälte und hohen Temperaturen geschützt aufbewahren. Verwenden zum Süßen von Tee, Milch (Löwenzahn-Milchshake mit Crushed Ice aufgemixt) oder mit Mineralwasser aufgespritzt.

Tipps:
Die gekochten Löwenzahnblüten für Likör weiterverwenden (siehe Seite 22).
Kochen Sie den Sirup etwa 1 Stunde weiter ein, erhalten Sie einen **Löwenzahnblütenhonig** (eigentlich

ein Honigersatz oder Melasse), der ähnlich wie Bienenhonig schmeckt.
Der »Honig« kristallisiert aus, wenn er in nasse Gläser gefüllt, die Gläser mit einem nassen Deckel geschlossen werden oder wenn er zu kühl gelagert wird. Dasselbe passiert, wenn Sie den Sirup zu stark kochen lassen.

Aprilscherz

Löwenzahnblütenbowle

Für 6–8 Personen

300 ml Pfefferminztee
¼ l Löwenzahnblütensirup
1 Flasche lieblicher Weißwein (Riesling, Johannisberg)
2 Zitronen, Saft
1 Flasche Champagner oder Schaumwein

Den kalten Pfefferminztee mit dem Löwenzahnblütensirup verrühren, bis er sich aufgelöst hat. Weißwein und Zitronensaft beigeben und zugedeckt etwa 2 Stunden im Kühlschrank stehen lassen. Vor dem Servieren den Champagner oder Schaumwein sachte dazugießen und in Bowlen- oder Champagnergläsern servieren. Eventuell mit ein paar gezupften Strahlenblüten des Löwenzahns bestreuen.

Tipp:
Für eine alkoholfreie Bowle kann anstelle von Weißwein weißer Traubensaft und anstelle von Champagner oder Schaumwein alkoholfreier Schaumwein verwendet werden. Dann jedoch nur 150 ml Löwenzahnblütensirup und den Saft von 4 Zitronen verwenden.

Löwenzahnwein

Ergibt etwa ¾ Liter

5 Litermaße offene Löwenzahnblütenköpfe, bei Sonnenschein gepflückt
6 l Wasser
3 Zitronen und 3 Orangen, jeweils Saft und Schale
2½ kg Kandiszucker
20 g frische Hefe, zerbröckelt

Die Löwenzahnblüten in ein tiefes Gefäß geben. Das Wasser aufkochen, über die Blüten gießen und 24 Stunden zugedeckt ziehen lassen. Durch ein Passiertuch in einen großen Topf abseihen. Saft und Schale der Zitrusfrüchte beigeben und alles zusammen mit dem Zucker kurz aufkochen. Den Sud abseihen und auf 30 Grad abkühlen lassen. Die Hefe mit etwas Sud anrühren und dazugeben. Alles 8–12 Wochen in einem tiefen Gärgefäß zugedeckt stehen lassen. Sobald die moussierende Gärung abgeschlossen ist, den Wein sorgfältig ohne Bodensatz abfiltrieren, in gewaschene und gut getrocknete Flaschen abfüllen und verkorken. Bis zum Genuss etwa 6 Monate an einem kühlen, dunklen Ort lagern.

Löwenzahnblütenlikör

Ergibt 1 Liter

Löwenzahnblüten mit Vanilleschote vom Abseihen des Sirups (siehe Seite 21)
1 l Apfeltresterbranntwein (41 Vol.-%)
100 ml Löwenzahnsirup, abgekühlt

Alle Zutaten in ein passendes Gefäß geben, gut umrühren und 14 Tage ziehen lassen. Abseihen, in Flaschen abfüllen und gut verschließen. Ungefähr 3 Monate ruhen lassen.

Nachttischlikör

Ergibt $1\frac{1}{4}$ Liter

50 g Rhabarber, in Stücke geschnitten
100 ml Wasser
130 g Zucker
5 g Gelbwurz
6 g Zimt
20 Blätter frische Pfefferminze
1 l Cognac

Rhabarber, Wasser und Zucker zusammen kurz aufkochen und abkühlen lassen. Die übrigen Zutaten beifügen und 12 Stunden ziehen lassen. Filtrieren, in Flaschen abfüllen und diese verschließen. Etwa 2 Monate ruhen lassen.

Übrigens:
Den Namen »Nachttischlikör« hat dieses Getränk daher, dass zu Großvaters Zeiten jederzeit trinkbereit auf dem Nachttisch ein alkoholisches Getränk stand, um über die täglichen Sorgen hinwegzutrösten und für guten Schlaf zu sorgen.

Rhabarbersaft*

2 kg rotstieliger Rhabarber (Erdbeerrhabarber)
Zucker, Menge je nach Art der Saftzubereitung

Zubereitung ohne Entsafter:
Den Rhabarber waschen und ungeschält in 3 cm lange Stücke schneiden. Mit wenig Wasser kochen, bis er weich ist. Den Saft über Nacht durch ein Tuch laufen lassen.
Den Saft mit einem Litermaß abmessen. Pro Liter Saft 250 g Zucker dazugeben und aufkochen. Randvoll in heiß ausgespülte Flaschen füllen und diese sofort verschließen.

Zubereitung mit Entsafter:
Die rohen gewaschenen Rhabarberstücke in den Einsatz des Entsafters füllen und 250 g Zucker darüberstreuen. Den Saft in heiß ausgespülte Flaschen füllen und sofort verschließen.

Tipp:
Für ein **Rhabarber-Erdbeersaft-Mixgetränk** mit oder ohne Alkohol Rhabarber- und Erdbeersaft mit Mineralwasser, Weißwein oder Champagner aufspritzen.

Rhabarberwein

Ergibt etwa 9 Liter

5 kg geschälte Rhabarberstangen
5 l Wasser
3 Zitronen, in Scheiben geschnitten
1,8 kg Zucker
100 ml Cognac

Die Rhabarberstangen in feine Scheiben schneiden, in einen sauberen Topf geben und mit dem Wasser übergießen. Den Topf mit einem Tuch abdecken, 9 Tage stehen lassen und täglich dreimal durchrühren. Dann Zitronenscheiben, Zucker und Cognac dazugeben. Nochmals einen halben Tag stehen lassen, öfter umrühren. In einer Beerenpresse auspressen. Den Saft in ein Gärgefäß geben und bei etwa 18 Grad 4 Wochen gären lassen. Filtrieren und in Flaschen abfüllen.

Tipp:
Rhabarberwein ist eine delikate Köstlichkeit – als Cocktail ideal mit frischen Erdbeeren zu genießen.

Rhabarberwein nach Großmutterart

Ergibt etwa 4½ Liter

2½ kg Rhabarber, der Länge nach halbiert und in 2½ cm lange Stücke geschnitten
4½ l Wasser
etwa 2 kg Zucker
60 g frische Ingwerwurzel
2 Zimtstangen
30 g Nelken

Die Rhabarberstücke in einen Steinguttopf legen und das Wasser dazugießen, so dass die Rhabarberstücke bedeckt sind. 10 Tage lang stehen lassen und täglich umrühren; dabei den Rhabarber mit einem Holzlöffel zerdrücken. Die Flüssigkeit durch ein feinmaschiges Sieb in eine Schüssel gießen und die Menge abmessen. Pro 1¼ l Flüssigkeit 500 g Zucker hinzufügen und rühren, bis der Zucker aufgelöst ist.
Etwa 300 ml dieser Flüssigkeit in einen kleinen Kochtopf geben. Ingwer, Nelken und Zimt dazugeben und aufkochen. Zugedeckt 30 Minuten ziehen lassen. Die abgekühlte und abgeseihte Würzflüssigkeit zu den übrigen Zutaten in die Schüssel gießen und alles 2–3 Wochen gären lassen. Falls nötig den Schaum von der Oberfläche abschöpfen. Den Wein in große Ballonflaschen füllen und zunächst 5 Wochen locker verkorkt stehen lassen. Sobald keine Blasen mehr aufsteigen, in Weinflaschen abziehen und fest verkorken.

Mai

Das Geburtstagsgetränk des Stiers
21. April bis 20. Mai

Der Stier ist die Ruhe selbst. Wird er gereizt, kann er wild und unbeherrscht werden, beruhigt sich aber schnell wieder und ist nicht nachtragend. Stier-Geborene lieben die Natur, Kunst und Kreativität. Ihr offener Charakter, ihre Ehrlichkeit, Zuvorkommenheit und Hilfsbereitschaft erleichtern Ihnen die Beziehung zu anderen Menschen. Sie sind treu, aber sehr eifersüchtig. Im Berufsleben strebt der Stier nach Erfolg, Entscheidungen trifft er aber erst nach reiflicher Überlegung. Stiere sind gastlich, ihre Küche ist raffiniert, ihr Geschmack sicher. Sie lieben verführerische Getränke und exklusive Weine.

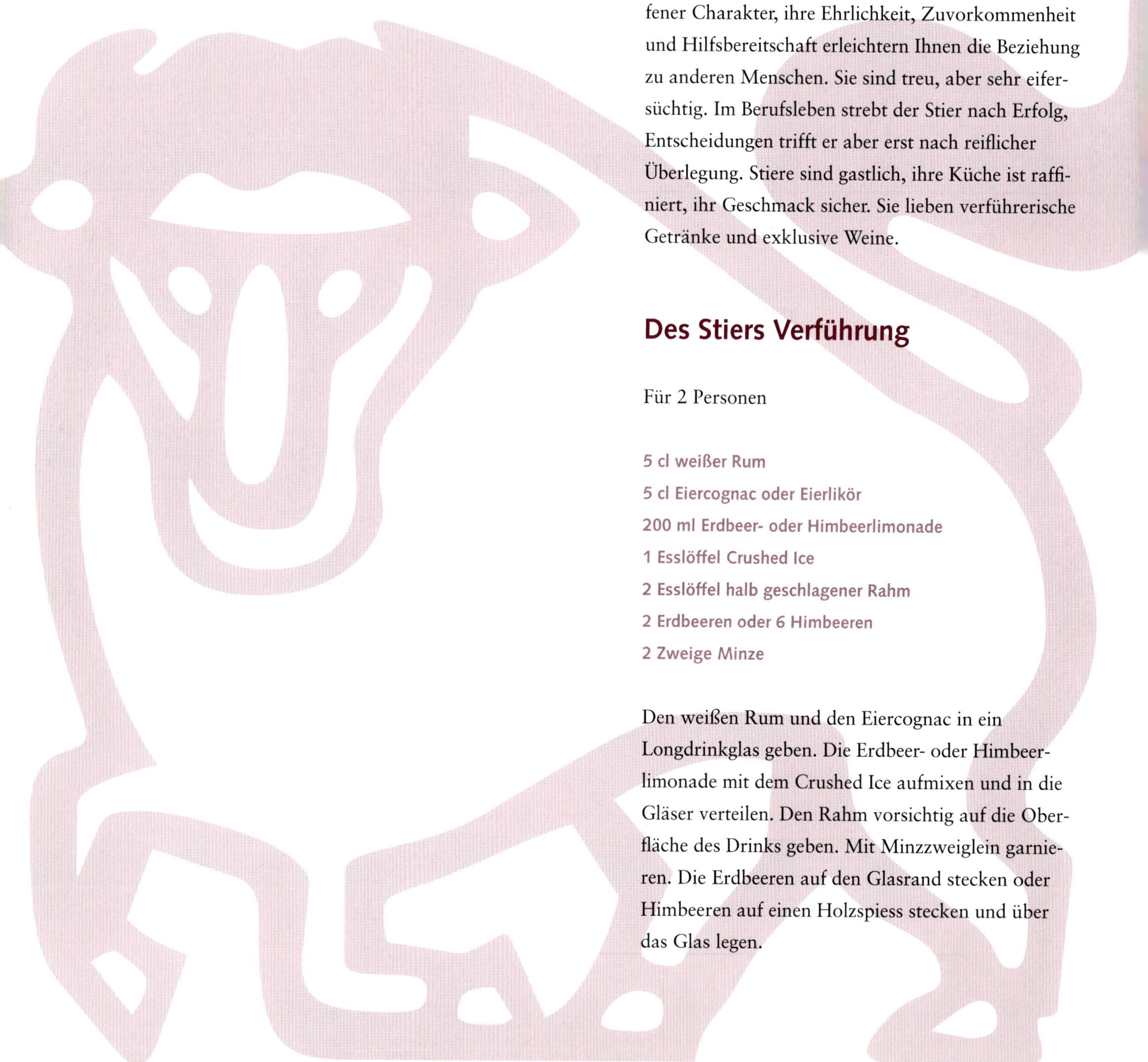

Des Stiers Verführung

Für 2 Personen

5 cl weißer Rum
5 cl Eiercognac oder Eierlikör
200 ml Erdbeer- oder Himbeerlimonade
1 Esslöffel Crushed Ice
2 Esslöffel halb geschlagener Rahm
2 Erdbeeren oder 6 Himbeeren
2 Zweige Minze

Den weißen Rum und den Eiercognac in ein Longdrinkglas geben. Die Erdbeer- oder Himbeerlimonade mit dem Crushed Ice aufmixen und in die Gläser verteilen. Den Rahm vorsichtig auf die Oberfläche des Drinks geben. Mit Minzzweiglein garnieren. Die Erdbeeren auf den Glasrand stecken oder Himbeeren auf einen Holzspiess stecken und über das Glas legen.

Waldmeistersirup*

Ergibt 4 Liter

3 l Wasser
2 kg Zucker
60 g Zitronensäure
3 Zitronenscheiben
1 kleines Sträußchen Waldmeister; gefroren

Wasser und Zucker so lange kochen, bis die Lösung klar ist. Auskühlen lassen. Die Zitronensäure mit etwas Zuckersirup aufrühren und zum restlichen Sirup geben. Die Zitronenscheiben und das Waldmeistersträußchen dazugeben. Zugedeckt 5 Tage an einem kühlen Ort stehen lassen, dann abseihen und in Flaschen abfüllen. Kühl aufbewahren.
Den Waldmeistersirup mit Mineralwasser oder Wasser verdünnen. Eventuell etwas Orangensaft dazugießen – schmeckt ausgezeichnet!

Tipp:
Für einen **Waldmeisterapéro** für 8 Personen 200 ml Waldmeistersirup mit 1 Flasche eisgekühltem Champagner oder Sekt aufspritzen.

Maibowle

Für 6–8 Personen

1 Büschel Waldmeister, geputzt
1½ l trockener Weißwein
150 g Rohrzucker
2 Zitronen, Saft
1 Flasche Champagner oder Schaumwein

Den Waldmeister zu einem Sträußchen binden. Weißwein, Zucker und Zitronensaft in einer Bowlenschüssel verrühren, bis es klar ist. Das Waldmeistersträußchen mit den Triebspitzen nach unten in die Bowle hängen und mit dem Weißwein begießen, so dass die Blätter mit Flüssigkeit bedeckt sind. Nach 40 Minuten den Waldmeister entfernen und die Bowle etwa 1½ Stunden zugedeckt an einem kühlen Ort stehen lassen.
Vor dem Servieren mit dem eisgekühlten Champagner oder Schaumwein aufgießen.

Waldmeister gehört zur Familie der Rötelgewächse. Der angenehme Duftstoff Cumarin entwickelt sich erst beim Welken der Pflanze voll und entfaltet sich übrigens durch Einfrieren sehr viel stärker.

Waldmeisterlikör

Ergibt 1 Liter

1 Sträußchen Waldmeister, gefroren
1 l Zwetschgen- oder Pflümliwasser
30 getrocknete Orangenblüten (in Apotheken und Drogerien erhältlich)
1 Vanilleschote, längs halbiert
100 ml Läuterzucker (150 ml Wasser mit 300 g Zucker aufkochen, aufrühren und erkalten lassen)

Den Waldmeister mit den übrigen Zutaten vermischen, in ein Sterilisierglas füllen und gut verschließen. Nach 5 Tagen den Likör abseihen, in Flaschen abfüllen und verkorken. Den Likör 2 Monate ruhen lassen, danach genießen.

Übrigens:
Waldmeister wirkt beruhigend.

Waldmeisterbowle*

Für 4 Personen

200 ml Waldmeistersirup
2 Zitronen, Saft
1 Flasche Asti spumante (ohne Alkohol) oder 600 ml Apfelsaft
400 ml Mineralwasser

Den Waldmeistersirup mit Zitronensaft und Asti spumante beziehungsweise Apfelsaft mischen. Das eisgekühlte Mineralwasser dazugeben und auf Gläser verteilen. Kühl servieren.

Waldmeister-Flip

Für 2 Personen

2 Eigelb
1 Teelöffel Zucker
8 cl Waldmeisterlikör
2 Esslöffel Crushed Ice
Schokoladenpulver

Die Eigelbe mit Zucker, Waldmeisterlikör und Crushed Ice in einen Shaker geben. Gut schütteln. In zwei Gläser abseihen und mit Schokoladenpulver bestäuben.

Tipp:
Für einen **Waldmeister-Champagner-Flip** 6 cl Waldmeisterlikör und 100 ml Champagner mit den übrigen Zutaten im Shaker gut schütteln und im Glas nochmals mit etwas Champagner aufspritzen.

Der zweite Sonntag im Mai ist traditionell den Müttern gewidmet. Verwöhnen auch Sie an diesem Tag Ihre liebe Mutter!

Muttertagsbowle*

Für 4–6 Personen

300 ml Wasser
200 g Zucker
1 Zitrone, Saft
1 kleines Sträußchen Waldmeister
200 g Erdbeeren, geputzt, in Achtel geschnitten
200 ml Orangensaft
1 l gespritzter Apfelsaft (halb Apfelsaft, halb Mineralwasser)
Blüten (z. B. von Gänseblümchen, Ackerstiefmütterchen, Flieder)

Wasser und Zucker aufkochen und erkalten lassen. Den Zitronensaft dazugeben und alles in ein passendes Bowlengefäß gießen. Das Waldmeistersträußchen in die Flüssigkeit hängen und an einem kühlen Ort etwa 2 Stunden ziehen lassen. Abseihen, den Orangensaft und die Erdbeeren dazugeben und mit dem Apfelsaft aufspritzen.
Gläser mit einem Zuckerrand versehen. Die Bowle in die Gläser füllen und mit Blüten dekorieren.

Großmutters Muttertagswein

Für 8 Personen

3 Zitronen, in Scheiben geschnitten
125 g Zucker
60 g Zitronenmelisse
60 g Schwarze-Johannisbeeren-Blätter
15 g wilder Thymian
15 g Pfefferminze
10 g Estragon
5 g Salbeiblätter
1 Sträußchen Lavendel
1 Flasche trockener Weißwein
1 Flasche lieblicher Weißwein
1 Flasche Champagner oder Sekt

Sämtliche Zutaten außer den Champager oder Sekt in ein Bowlengefäß geben und ½ bis 1 Stunde im Kühlschrank zugedeckt ziehen lassen. Durchseihen und kurz vor dem Servieren mit Champagner oder Sekt aufgießen.

Übrigens:
Diese Bowle entstand nach einem Spaziergang durch den Garten mit all seinen Kräutern und Blüten ...

Mai-Gewürzbowle

Für 8 Personen

1 Hand voll Waldmeister ohne Stiele
2 Flaschen trockener Weisswein
6 Erdbeerblättchen
5 Schwarze-Johannisbeeren-Blätter
2 Himbeerblättchen
2 Schafgarbenblättchen
1 Gänseblümchenpflanze
1 Fünffingerkraut
10 Veilchenblüten
180 g Zucker
1 Flasche Champagner oder Sekt

Den Waldmeister mit so viel Wein übergießen, dass er gut bedeckt ist. 2–3 Stunden ziehen lassen, dann filtrieren. Die übrigen Zutaten bis auf Champagner oder Sekt gründlich mischen, den Waldmeisterextrakt dazugeben und alles zusammen 20–30 Minuten kühl stellen. Durchseihen und vor dem Servieren mit Champagner oder Sekt auffüllen.

Beschwipste Muttertagsbowle

Für 6–8 Personen

400 ml Waldmeistersirup
200 g Erdbeeren, geputzt, in Achtel geschnitten
150 ml Grand Marnier
1 Flasche trockener Weißwein
1 Flasche Champagner oder Sekt
Blüten (z. B. von Gänseblümchen, Ackerstiefmütterchen oder Flieder)

Waldmeistersirup, Erdbeeren, Grand Marnier und Weißwein in eine passende Bowlenschüssel geben und 1 Stunde an einem kühlen Ort ziehen lassen. Vor dem Servieren den eisgekühlten Champagner dazugeben und in Bowlengläsern servieren. Mit Blüten dekorieren.

Fliederblütensirup und -limonade*

Ergibt 4 Liter

3 l Wasser
2 kg Zucker
15 Fliederblütendolden (für intensivsten Duft am Abend vor der Dämmerung trocken geschnitten)
3 Zitronen, in Scheiben geschnitten
60 g Zitronensäure

Wasser und Zucker verrühren und aufkochen. 5 Minuten ziehen, dann auskühlen lassen.

Die Fliederblüten entstielt mit etwas Zuckerwasser verrühren und beifügen. 5 Tage an einem kühlen Ort stehen lassen. Dann abseihen, in Flaschen füllen und verschließen. Kühl aufbewahren.

Tipps:
Dieser Sirup dient als Basis für vielfältige Getränke, Desserts und Marinaden für Beeren und Früchte. Für Fliederblütenlimonade einen guten Spritzer Fliederblütensirup in ein Glas geben, mit Mineralwasser auffüllen und das Glas mit einer Fliederblüte dekorieren.

Wenn der Flieder wieder blüht ... dann ist Maienzeit! Schon der große französische Koch Auguste Escoffier wusste vom Wert dieses Blumengewürzes und bereitete verschiedene Spezialitäten damit zu, etwa Fliedereis oder Fliederessig.

Flieder-Erdbeer-Frappé*

Für 2 Personen

150 g frische Erdbeeren, gewaschen,
in Achtel geschnitten
5 cl Fliederblütensirup
1 Kugel Vanilleeis
200 ml Milch
2 Erdbeeren als Garnitur

Alle Zutaten bis auf die Garnitur in den Mixer geben, kurz und kräftig aufmixen und in vorgekühlte Frappégläser geben. Je eine Erdbeere einschneiden und auf den Glasrand setzen. Mit Trinkhalm servieren.

Fliederblütenbowle

Für 6–10 Personen

300 ml Fliederblütensirup
1 l trockener Weißwein
3 Fliederblütendolden
1 Zitrone, in 3 Scheiben geschnitten
100 ml Grand Marnier
1 Flasche Champagner oder Sekt

Den Fliederblütensirup und den Weißwein in eine Bowlenschüssel geben und aufrühren. Die Fliederblütendolden hineinhängen und die Zitronenscheiben dazugeben. Im Kühlschrank eine 1 Stunde zugedeckt ziehen lassen. Vor dem Servieren die Bowle abseihen, mit Grand Marnier abschmecken und mit dem Champagner auffüllen, sofort servieren.

Tipp:
Falls Sie keinen Fliederblütensirup haben, verrühren Sie 250 g Zucker mit dem Weißwein, bis die Flüssigkeit klar ist, und mischen 6 Fliederblütendolden darunter. Weiterfahren nach Rezept.

Liebeserklärung Amor

Für 2 Personen

50 g Fliederblütensirup
1 Esslöffel Crushed Ice
6 cl Grand Marnier
100 g Joghurt nature
60 g frische Erdbeeren, mit 1 Teelöffel Puderzucker
gemixt
2 Fliederblüten und 2 Erdbeeren als Garnitur

Fliederblütensirup, Crushed Ice, Grand Marnier und Joghurt kurz im Mixer mixen. Das Erdbeerpüree in zwei eisgekühlte Gläser verteilen und die Fliederblüten-Joghurt-Mischung sorgfältig über einen Esslöffel in die Gläser laufen lassen. Mit Fliederblüten garnieren und die eingeschnittenen Erdbeeren auf den Rand des Glases stecken. Mit Trinkhalm servieren.

Fliederblütenbowle ohne Alkohol*

Für 6–10 Personen

400 ml Fliederblütensirup
300 ml Orangensirup
300 ml weißer Traubensaft
1 l Mineralwasser
3 Fliederblütendolden
1 Flasche Rimuss oder Asti spumante (ohne Alkohol)

Fliederblütensirup, Orangensirup, Traubensaft und Mineralwasser in einem Bowlengefäß mischen. Die Fliederblütendolden in die Flüssigkeit hängen und 1 Stunde zugedeckt an einem kühlen Ort ziehen lassen.
Abseihen und vor dem Servieren mit dem Rimuss oder Asti spumante aufspritzen. Eine Fliederblüte in jedes Glas setzen.

Fliederblütenlikör

Ergibt ¾ Liter

700 ml Gin
1 ungespritzte Orange, Schale fein abgeschält
1 ungespritzte Zitrone, Schale fein abgeschält
80 g Kandiszucker
2 Dolden Fliederblüten (gegen Abend geschnitten, nur die Blüten verwenden)
½ Vanilleschote, der Länge nach halbiert

Alle Zutaten in eine passende Flasche mit weitem Hals geben, verkorken, gut aufschütteln und 14 Tage am Fenster stehen lassen. Jeden Tag zweimal gut durchschütteln. Abseihen, in eine passende Flasche füllen und verkorken. 2 Monate im kühlen Keller ruhen lassen.

Hopfenschnaps

Ergibt 2 Liter

250 g Hopfenblüten, noch grün gepflückt
50 g gelbe Enzianwurzel, gewaschen und zerkleinert
1 Zimtstange
1 Zitronenscheibe
2 l Obstbranntwein (41 Vol.-%)

Die harzigen Hopfenfruchtzapfen in eine weithalsige Flasche geben, Enzianwurzel, Zimtstange und Zitrone dazugeben und mit dem Obstbranntwein auffüllen. Gut verschlossen drei Wochen an die Sonne stellen, öfter schütteln. Für weitere vier Wochen in den Keller geben. Danach filtrieren, in Flaschen füllen und für 14 Tage ins Fenster stellen. Danach im Keller einige Monate kühl und dunkel lagern.
Dieser Hopfenschnaps ist in der Bergregion des Süd- und Osttirols eine Spezialität.

Fleur du printemps

Frühlingsblumenlikör

Ergibt 1 Liter

700 ml Calvados
5 cl Schlüsselblumensirup
5 cl Huflattichsirup
100 ml Tannenschösslingsirup
100 ml Holunderblütensirup
2 Zitronen, dünn abgeschälte Schale
1 Sträußchen Pfefferminze
1 Orange, Schale dünn abgeschält
1 Macisblüte
1 Sternanis

Alle Zutaten in einer passenden Flasche gut vermischen. Die Flasche verkorken und 14 Tage an einem kühlen Ort stehen lassen. Abseihen, in eine passende Flasche abfüllen und verkorken. Ungefähr 3 Monate im kühlen, dunklen Keller ruhen lassen.

Erdbeerfruchtlikör

Ergibt 1½ Liter

kg vollreife Erdbeeren, geviertelt
130 g Zucker
1 Sträußchen Pfefferminze
10 g Vanillezucker
10 schwarze Pfefferkörner, zerdrückt
1 l Obstbranntwein

Die Erdbeeren zerquetschen, mit dem Zucker und den übrigen Zutaten gut vermengen. 8–10 Tage durchziehen lassen. Durch ein Tuch seihen und in Flaschen abfüllen.

Tipps:
Mit ein paar Tropfen roter Lebensmittelfarbe eingefärbt, bleibt der Erdbeerfruchtlikör schön rot und wird nicht braun. Ausgezeichnet für Erdbeerdesserts!
Für **Erdbeer Royale** in eine Sektschale eine Scheibe Erdbeere geben, etwas Erdbeerfruchtlikör darübergießen und mit Champagner oder Sekt aufspritzen.

Erdbeersirup

Ergibt 7–8 Liter

1½ l Wasser
5 kg Zucker
4 kg Erdbeeren, geachtelt

Wasser und Zucker in einem passenden Topf aufkochen. Die Erdbeeren dazugeben, alles nochmals aufkochen und heiß, ohne zu drücken, durch ein feines Tuch filtrieren.
Den klaren, mehr oder weniger dickflüssigen Sirup noch heiß in ausgespülte Flaschen mit Bügelver-

schluss füllen und sofort verschließen. Kühl aufbewahrt hält sich der Sirup ein Jahr. Mit Mineralwasser, Weißwein oder Champagner aufspritzen oder für Desserts verwenden.

Tipps:

Aus den zurückgebliebenen Erdbeeren kann man einen **Erdbeeressig** zubereiten. Auf 2 l Obstessig ca. ½ kg frische, zerquetschte Erdbeeren (oder Erdbeeren von der Zubereitung des Erdbeersirups) mit einem Sträußchen Pfefferminze mischen und 14 Tage ziehen lassen. Durch ein Tuch seihen und in Flaschen abfüllen. Salat, garniert mit ein paar in feine Scheiben geschnittenen frischen Erdbeeren, angemacht mit Erdbeeressig und Distelöl, ergibt eine aparte Vorspeise.

Erdbeerbowle

Für 6 Personen, ergibt 3½ Liter

500 g Erdbeeren, je nach Grösse geviertelt oder geachtelt
100 ml Erdbeerlikör
2 l Apfelwein (oder Weißwein)
300 g Zucker
½–1 l Mineralwasser

Die Erdbeeren in eine passende Bowlenschüssel geben, mit dem Erdbeerlikör beträufeln und an einem kühlen Ort 30 Minuten ziehen lassen. Den gekühlten Apfelwein mit dem Zucker verrühren, bis sich der Zucker ganz aufgelöst hat und die Flüssigkeit klar ist. Zu den marinierten Erdbeeren geben und kurz vor dem Servieren mit Mineralwasser aufspritzen.

Tipps:
Die Erdbeerbowle anstelle von Mineralwasser mit Sekt oder Champagner aufspritzen.
Raffiniert: 10 Minuten vor dem Servieren in jedes Glas 1 Blatt Pfefferminze geben und dieses vor dem Anrichten wieder entfernen. Das Glas nimmt den erfrischenden Duft der Pfefferminze an.
Für eine **Erdbeerbowle ohne Alkohol** nehmen Sie statt dem Erdbeerlikör 200 ml Erdbeersirup und statt dem Apfelwein Apfelsaft und geben mit diesem noch ein Sträußchen Pfefferminze dazu.

Erdbeer-Rosen-Bowle

Für 6 Personen

300 g Erdbeeren, je nach Grösse geviertelt oder geachtelt
250 g Zucker
2 Zitronen, Saft
2 Flaschen Roséwein
1 Hand voll wohlriechende ungespritzte Rosenblüten (ersatzweise 100 ml Rosenwasser oder Rosenlikör)
1 Flasche Champagner oder Sekt

Die Erdbeeren in eine passende Bowlenschüssel geben, mit dem Zucker bestreuen und vermengen, den Zitronensaft beigeben und alles 10 Minuten an einem kühlen Ort ziehen lassen. Den Rosé dazugießen. Die Rosenblüten in ein Mullsäckchen geben und in die Flüssigkeit hängen, vorsichtig aufrühren und nochmals 1 Stunde an einem kühlen Ort ziehen lassen. Vor dem Servieren das Säckchen mit den Rosenblüten entfernen und die Bowle mit Champagner oder Sekt aufgießen.

Erdbeerwein

Ergibt 4½ Liter

3½ kg Erdbeeren, geputzt
2 kg Zucker
1 Flasche Weißwein
200 ml Erdbeerlikör (ersatzweise Orangenlikör)

Die Erdbeeren zerquetschen und mit dem Zucker in ein passendes Gefäß schichten. Mit einem Teller beschweren und zugedeckt etwa einen Tag ruhen lassen, bis der Zucker den Saft aus den Früchten gezogen und sich aufgelöst hat. Die Früchte in ein gebrühtes Tuch geben und den klaren Saft in etwa 6 Stunden ablaufen lassen. Den Saft mit Weißwein und Erdbeerlikör mischen, in Flaschen füllen und verschließen. Mindestens eine Woche durchziehen lassen. Gekühlt in kleinen Gläschen als Dessertwein oder als Longdrink mit Wasser oder Mineralwasser verdünnt servieren.

Erdbeerkaltschale

Für 4 Personen

250 g Erdbeeren, geputzt
3 Esslöffel Puderzucker
3 Esslöffel Crushed Ice
200 ml leichter Rotwein
1 Zitrone, Saft
1 Orange, Saft
1 Teelöffel gekochte Tapioka oder Sago
Champagner zum Aufspritzen

50 g der Erdbeeren in kleine Würfel schneiden. Den Rest der Erdbeeren achteln, mit Puderzucker, Crushed Ice, Rotwein, Zitronen- und Orangensaft in den Mixer geben und gut durchmixen. Die gewürfelten Erdbeeren in Gläser oder Tassen verteilen, mit der Erdbeerkaltschale auffüllen, Tapioka oder Sago beigeben, aufrühren und mit Champagner aufspritzen.

Tipp:
Die Kaltschale anstelle einer Suppe servieren.

Tannenschösslingsirup und -limonade*

Ergibt 2 Liter

1 l Wasser
2 kg Zucker
2 Zitronenscheiben
600 g frische Tannentriebe

Die zartgrünen Tannentriebe in Einmachgläser füllen. Das Wasser mit dem Zucker und den Zitronenscheiben aufkochen, abkühlen lassen und ohne die Zitronenscheiben über die Tannentriebe gießen; die Gläser dabei randvoll füllen. Gut verschließen und für 10–14 Tage an die Sonne stellen. Anschließend den Sirup durch ein Tuch seihen, in Flaschen abfüllen und kühl aufbewahren.
Für Limonade in ein Glas etwa 1 cm hoch Sirup geben, mit Mineralwasser auffüllen und kühl trinken.

Tipps:
Damit der Sirup länger haltbar wird, Natriumbenzoat beigeben (siehe Glossar).
Der Sirup kann als Basis für verschiedene Getränke dienen und auch für Süßspeisen verwendet werden.
Die Tannentriebe nicht wegwerfen, sie können für die Herstellung von **Tannenschösslinglikör** oder **-essig** verwendet werden. Für Essig geben Sie 1 l weißen Balsamicoessig dazu und lassen das Ganze 10 Tage ziehen, dann abseihen.

Tannenschösslinglikör

Ergibt 2 Liter

600 g eingelegte Tannenschösslinge
(von der Zubereitung von Sirup, siehe Seite 38)
2 l Birnen- oder Apfeltresterbranntwein

Die Tannentriebe in ein großes Glas geben und mit dem Branntwein vermischen. Gut aufrühren und etwa 14 Tage an die Sonne stellen. Danach weitere 14 Tage im Keller ruhen lassen. Durch ein Tuch passieren, in Flaschen abfüllen und gut verschließen.

Übrigens:
Dieser Likör ist bei leichten Erkältungen zu empfehlen.

Die Fichte kommt in Nord- und Mitteleuropa vor, in den Alpen bis auf etwa 2000 Meter Höhe. Wer eigene Bäume besitzt, sollte nur die Triebe der großen, unteren Äste sammeln, nicht die Wipfeltriebe. Statt Fichten- oder Rottannenschösslingen können Sie für die folgenden Rezepte auch Weißtannen-, Lärchen-, Wacholder- oder Föhrentriebe verwenden. Die Zubereitungsart bleibt gleich.

Tannenschösslingfrappé*

Pro Person

2 Esslöffel Tannenschösslingsirup
1 Kugel Vanilleeis
150 ml Milch

Alle Zutaten in den Mixer geben und gut aufmixen. In ein Frappéglas füllen und mit Trinkhalm servieren.

Tannenschösslingbowle

Für 6–8 Personen

300 ml Tannenschösslingsirup
1 Zitrone, in Scheiben geschnitten
1 Orange, in Scheiben geschnitten
2 Flaschen trockener Weißwein
1 Flasche Champagner oder Sekt

Den Tannenschösslingsirup mit den Zitronen- und Orangenscheiben und dem Weißwein in eine Bowlenschüssel geben, gut aufrühren und an einem kühlen Ort 30–40 Minuten ziehen lassen. Die Zitronen- und Orangenscheiben entfernen und mit Champagner oder Sekt auffüllen.

Tannenschösslingmilch und -tee gegen Husten*

Pro Person

200 ml Milch
3–4 Esslöffel Tannenschösslingsirup

Die Milch erhitzen, mit dem Schneebesen schaumig schlagen und gleichzeitig den Tannenschösslingsirup daruntermischen. Heiß trinken.
Oder einen Lindenblütentee mit Tannenschösslingsirup süßen.

Tannenwald-Flip

Für 1 großes Glas für 2 Personen

100 ml Portwein
5 cl Tannenschösslinglikör
½ Teelöffel Zucker
2 Eigelb
3 Esslöffel Crushed Ice
geriebene Muskatnuss

Alle Zutaten bis und mit Crushed Ice in einen Shaker geben und gut schütteln. In ein Glas seihen. Mit Muskatnuss bestäuben und mit 2 Trinkhalmen servieren.

Tipp:
Statt Tannenschösslinglikör Tannenschösslingsirup verwenden, dann aber den Zucker weglassen und 4 cl Weinbrand hinzufügen.

Alpenheulikör

Ergibt 1 Liter

2 g getrocknete Schafgarbe
2 g Thymian
2 g Salbei
10 Wacholderbeeren, zerdrückt
1 g Frauenmäntelchen
2 g Pfefferminze
5 g Heublumen (erhältlich in Drogerien oder Apotheken) oder 1 Hand voll wohlriechendes frisches Bergheu
3–5 Pflänzchen tiefgefrorener Waldmeister (gibt den Duft von Heu)
1 l Obstbranntwein (41 Vol.-%)
120 g weißer Kandiszucker

Alle Zutaten in ein passendes Glas geben und gut aufrühren, bis sich der Zucker aufgelöst hat. 10 Tage gut verschlossen an die Sonne stellen und jeden Tag einmal gut durchrühren. Durch ein Tuch seihen, in Flaschen abfüllen und rund 6 Wochen kühl und dunkel ruhen lassen.

Alpenkräuterlikör

Ergibt 1 Liter

3 g getrocknete Schafgarbe
2 g Fenchel
1 g Kümmel
1 g Thymian
1 g Salbei, getrocknet
1 g Melissenblüten, getrocknet
10 Wacholderbeeren, zerdrückt
1 g Angelikawurzel
1 g Enzianwurzel
1 g Pfefferminze, getrocknet
140 g weißer Kandiszucker
1 l Obstbranntwein (41 Vol.-%)

Alle Zutaten in ein passendes Glas geben und gut aufrühren, bis sich der Zucker aufgelöst hat. 2 Wochen gut verschlossen an die Sonne stellen und jeden Tag einmal gut durchrühren. Durch ein Tuch seihen, in Flaschen abfüllen und rund 1 Monat kühl und dunkel ruhen lassen.

Tipp:
Der Likör kann mit ein paar Tropfen grüner Lebensmittelfarbe eingefärbt werden.

Minzlikör

Ergibt 1¼ Liter

160 g Zucker
100 ml Wasser
50 g Krauseminze
2 Zitronen, Schale dünn abgeschält und den Saft
1 l Obstbranntwein

Zucker und Wasser aufkochen, die Krauseminze beigeben und auskühlen lassen. Mit den übrigen Zutaten in ein passendes Gefäß geben und 6–8 Tage ziehen lassen. Filtrieren, in Flaschen abfüllen und verschließen. 4 Wochen ruhen lassen.

Tipp:
Den Likör nach dem Filtrieren mit ein paar Tropfen grüner Lebensmittelfarbe einfärben.

Einige Kräuter brauchen Alkohol, um ihre wertvollen Wirkstoffe zu entfalten. Verbinden Sie das Nützliche mit dem Angenehmen, die heilsame Wirkung der Kräuter mit der belebenden des Alkohols. Am besten verwenden Sie diese Liköre und Elixiere so, wie es schon unsere Vorfahren taten – als bewährtes Hausmittel bei Unwohlsein.

Barriquelikör oder Holzknechtelixier

Ergibt ¾ Liter

200 g getrocknete, im Backofen leicht geröstete Eichenholzschnitzel
8 Wacholderbeeren
80 g Kandiszucker
1 l Bacardi-Rum (weiß)
200 ml kräftiger Weißwein

Alle Zutaten (außer den Eichenholzschnitzeln) in ein passendes Gefäß geben, aufrühren, bis der Zucker aufgelöst ist. Die Holzschnitzel dazugeben und das Ganze 2–3 Tage ziehen lassen. Abseihen, in Flaschen abfüllen, verkorken und 2–3 Monate im Keller ruhen lassen.

Duftende Impressionen aus meinem Garten: Der falsche Jasmin oder Pfeifenstrauch (Philadelphus coronaris) gehört zu den Steinbrechgewächsen. Er trägt längliche Blätter und einfache, schneeweiße, betörend duftende Blüten. Wenn Sie die Blüten verwenden wollen, achten Sie darauf, dass sie trocken sind, und ernten Sie sie am Abend; dann ist ihr Duft viel intensiver.

Jasminblütensirup*

Ergibt 4 Liter

3 l Wasser
2 kg Zucker
3 Zitronen, in Scheiben geschnitten
60 g Zitronensäure
250 g Jasminblüten

Zucker und Wasser aufkochen. Die Zitronenscheiben dazugeben und die Flüssigkeit abkühlen lassen. Die Zitronensäure mit etwas Zuckersirup anrühren und mit den Jasminblüten unter die Zuckerlösung rühren. Zugedeckt an einem kühlen Ort 5–7 Tage ziehen lassen. Den Sirup durch ein Tuch abseihen und in Flaschen abfüllen, verschließen und kühl aufbewahren.

Tipps:
Um den Sirup mehr als 3 Wochen haltbar zu machen, Natriumbenzoat beigeben (siehe Glossar). Der Sirup kann wie Holunderblütensirup weiterverwendet werden (siehe Rezepte Seite 44).

Akazienblütensirup

Ergibt 4 Liter

2 kg Zucker
3 l Wasser
1 Litermaß frische Akazienblüten, am Nachmittag bei voller Blüte gesammelt
3 Zitronenscheiben
60 g Zitronensäure

Den Zucker im Wasser aufkochen und erkalten lassen. Die Blüten, Zitronenscheiben und Zitronensäure daruntermischen und 5–6 Tage in einem Steinguttopf an einem kühlen Ort stehen lassen. Danach den Sirup abseihen und in Flaschen abfüllen, verkorken und nochmals an einem kühlen Ort ruhen lassen.

Tipps:
Akaziensirup ist etwa 3 Wochen haltbar. Für längere Haltbarkeit Natriumbenzoat beigeben (siehe Glossar).
Der Sirup kann wie Holunderblütensirup weiterverwendet werden (siehe Rezepte Seite 44).

Juni

Das Geburtstagsgetränk des Zwillings
21. Mai bis 21. Juni

Zwilling-Geborene sind begeisterungsfähig und ständig auf der Suche nach neuen Erfahrungen und Eindrücken. Was sie ganz und gar nicht mögen, ist Schlamperei. Wenn sie eine Arbeit übernehmen, führen sie diese auch pedantisch genau zu Ende, sind zugleich aber auch erfinderisch und kreativ. Zwilling-Geborene sind großzügig, tolerant und selten eifersüchtig. Sie lieben die traute Zweisamkeit wie auch die große, fröhliche Runde. Sie haben einen ausgeprägten Sinn für Qualität, besonders beim Essen und Trinken.

Tête à tête

Für 2 Personen

100 ml frisches Rhabarbermus (siehe Tipp)
5 cl Rosenwasser
2 Esslöffel Erdbeersirup (oder 3 frische Erdbeeren)
5 cl Grand Marnier
2 Esslöffel Crushed Ice
Champagner
2 Erdbeeren zum Dekorieren

Rhabarbermus, Rosenwasser, Erdbeersirup (oder Erdbeeren), Grand Marnier und Crushed Ice im Mixer gut durchmixen. Einen kleinen Schuss Champagner beifügen, in vorgekühlte Gläser gießen und mit Champagner auffüllen. Erdbeeren an den Rand des Glases stecken und servieren.

Tipp:
Für Rhabarbermus 500 g Erdbeerrhabarber schälen, klein würfeln und zusammen mit 200 g Zucker, ½ längs halbierter Vanilleschote und 4 Esslöffeln Wasser in einer flachen Form im Backofen bei 150 Grad 15 Minuten dämpfen. Erkalten lassen, anschließend im Mixer pürieren und durch ein Sieb streichen. Kühl aufbewahren. Eignet sich auch sehr gut als Getränk einfach mit Mineralwasser oder Weißwein aufgespritzt.

Der Schwarze Holunder bringt gelblich weiße, herrlich duftende Blüten hervor, die große, flache Trugdolden mit meist fünf Hauptästen bilden. Blütezeit ist von Mai bis Juli. Diese Zeit der Ernte dürfen Sie nicht verpassen!

Holunderblütensirup*

Ergibt 4 Liter

3 l Wasser
2 kg Zucker
15–18 Holunderblütendolden, trocken am Nachmittag gepflückt
3 Zitronenscheiben
60 g Zitronensäure
Natriumbenzoat

Zucker und Wasser aufkochen und erkalten lassen. Die Blütendolden ohne Stengel zusammen mit den Zitronenscheiben und der Zitronensäure daruntermischen und 5–6 Tage an einem kühlen Ort zugedeckt stehen lassen. Danach den Sirup abseihen (falls gewünscht Natriumbenzoat anrühren und beigeben), in Flaschen abfüllen, verkorken und nochmals an einem kühlen Ort ruhen lassen.

Tipps:
Die Holunderblüten nicht wegwerfen, sondern für Holunderblütenlikör weiterverwenden.
Für **Holunderblütenlimonade oder -säfte** in ein Glas von 200 ml Inhalt etwa 1 cm hoch Holunderblütensirup geben und mit kaltem Wasser, Mineralwasser, Apfelsaft oder frisch gepresstem Orangensaft auffüllen. Für **Holunderblütenmilch** mit kalter Milch auffüllen und aufrühren oder kurz aufmixen. Für **Holunderblütenschokolade** 1 Esslöffel Trinkschokoladepulver (Suchard Express) mit der Milch dazugeben und kurz aufmixen.

Raffiniert: **Holunderbier:** In ein Glas Bier einen Schuss Holunderblütensirup geben. Schmeckt ausgezeichnet!

Holunderblütenlikör

Ergibt 1½ Liter

15 Holunderblüten (evtl. von Sirupherstellung, siehe links)
100 ml Holunderblütensirup
4 frische Holunderblüten
1½ l Birnen- oder Apfeltrester

Alle Zutaten miteinander vermischen und gut durchrühren. In ein großes Glas geben und zugedeckt 8–10 Tage an die Sonne stellen. Abseihen, in Flaschen füllen und diese gut verkorken. 4–6 Monate an einem kühlen Ort ruhen lassen.

Holunderblütensekt

Ergibt 13–15 Sektflaschen

15 große, voll blühende Holunderblüten
9 l Wasser
140 ml Weißweinessig (4,5 %)
1 kg Kristallzucker
1 Zitrone, in Scheiben geschnitten
50 g Rosinen

Alle Zutaten in einen Steinguttopf oder in ein Glasgefäß geben. Gut verrühren, bis sich der Zucker völlig aufgelöst hat. Mit einem Tuch bedeckt 4–6 Tage an einem warmen Ort stehen lassen. Jeden Morgen und Abend gut durchrühren. Wenn die Flüssigkeit beginnt, Blasen zu werfen, durch ein gebrühtes Tuch seihen.

24 Stunden vorher die Sektflaschen in kaltem Wasser einweichen, danach mit heißem Wasser ausspülen und umgedreht abtropfen lassen. Kunststoffkorken in heißem Wasser reinigen. Die Flüssigkeit sorgfältig bis etwa drei Finger breit unter dem Rand in die Flaschen füllen. Den Sektkorken auf die Flasche setzen und mit Draht sichern. Die Flaschen im Keller lagern. Die nun einsetzende Flaschengärung dauert mindestens 8 Tage, danach kann man den Holunderblütensekt zum erstenmal probieren.

Achtung:

Die Flaschengärung kann sehr stark sein, so dass Zapfen und Inhalt beim Öffnen der Flaschen mit hohem Druck entweichen. Halten Sie die Flasche daher beim Öffnen senkrecht und benutzen Sie ein Tuch, um den Korken zu fassen. Eventuell eine Schüssel unterstellen.

Tipps:

Holundersekt ist heikel in der Zubereitung und gelingt nicht immer, selbst wenn Sie alles korrekt machen. Er kann z. B. schimmeln, ehe er zu gären beginnt. Das kann an zu feuchter Witterung während der Ernte oder an einem ungünstigen Standort des Gefäßes liegen. Manchmal ist der fertige Holunderblütensekt etwas trübe (durch Eiweißstoffe), die Qualität wird dadurch jedoch nicht beeinträchtigt.

Holunderblütenbowle

Für 8 Personen

½ l Holunderblütensirup
2 Flaschen trockener Weißwein
1 Zitrone, in Scheiben geschnitten
1 Flasche Champagner oder Sekt

Holunderblütensirup, Weißwein und Zitronenscheiben in eine Bowlenschüssel geben und 30 Minuten an einem kühlen Ort ziehen lassen. Vor dem Servieren den Champagner oder Sekt dazugeben und in vorgekühlten Gläsern servieren.

Flower Power

Für 2 Personen

6 cl Holunderblütensirup
4 cl weißer Rum
2 Esslöffel Crushed Ice
20 cl Champagner

Holunderblütensirup, Rum und Crushed Ice im Shaker kurz und kräftig schütteln. Den Inhalt durch ein Barsieb in Champagnergläser gießen und mit Champagner auffüllen.

Tipp:
Die Gläser zuvor mit einem Zuckerrand versehen (siehe Glossar).

I love you

Für 2 Personen

2 cl Holunderblütensirup
2 cl Himbeersirup
4 cl Himbeergeist
2 Esslöffel Crushed Ice
20 cl Champagner

Alle Zutaten außer dem Champagner in den Shaker geben, kurz und kräftig schütteln. Den Inhalt durch ein Barsieb in die vorgekühlten Champagnergläser gießen und mit dem Champagner auffüllen.

Mailiebe

Für 2 Personen

3 cl Holunderblütensirup
4 cl Pfirsichlikör
2 cl Limettensaft
2 Esslöffel Crushed Ice
20 cl Champagner

Alle Zutaten außer dem Champagner in den Shaker geben, kurz und kräftig schütteln. Den Inhalt durch ein Barsieb in die vorgekühlten Champagnergläser gießen und mit dem Champagner auffüllen.

Holunderblütenmilch-Kaltschale mit Karotten*

Für 4 Personen

850 ml Milch
150 ml Rahm
180 g Zucker
4 Holunderblütendolden
½ Esslöffel Kartoffel- oder Maisstärke
3 Esslöffel kalte Milch
2 verquirlte Eigelb
1–2 junge Karotten, fein gerieben

Milch, Rahm und Zucker mit den Holunderblüten aufkochen und 5 Minuten zugedeckt ziehen lassen. Die Speisestärke mit der kalten Milch anrühren, dazugeben und kurz aufkochen. Das gut verrührte Eigelb mit etwas von der heißen Milch vermengen und dazugeben. Nicht mehr kochen, sofort abseihen und gut abkühlen lassen. Vor dem Servieren die Karotten in Tassen oder Gläser verteilen und mit der Holunderblütenmilch-Kaltschale auffüllen.

Tipp:
Diese Kaltschale kann auch anstelle einer Suppe serviert werden.

Lindenblütensirup*

Ergibt 4 Liter

1,7 kg Zucker
3 l Wasser
1 große Hand voll frische Lindenblüten
300 g Bienenhonig
4 Zitronenscheiben
60 g Zitronensäure

Zucker und Wasser aufkochen. In die heiße Zuckerlösung die Lindenblüten, den Honig und die Zitronenscheiben einrühren und zugedeckt abkühlen lassen. Zuletzt die Zitronensäure daruntermischen und das Ganze 5–7 Tage an einem kühlen Ort zugedeckt stehen lassen.
Den Sirup abseihen, in Flaschen abfüllen, verkorken und kühl aufbewahren.

Tipps:
Für längere Haltbarkeit dem Sirup Natriumbenzoat beigeben (siehe Glossar).
Der Sirup kann wie Holunderblütensirup weiterverwendet werden (siehe Rezepte Seite 44).
Ein herrliches Getränk für heiße Tage und für Kinder: **Apfelsaft mit Lindenblüten.** Dazu 200 ml Lindenblütensirup mit 1 Liter naturtrübem Apfelsaft und 1 Liter Mineralwasser mischen.

Lindenblütenlikör

Ergibt 2 Liter

200 ml Wasser
180 g Honig
1 Hand voll frische Lindenblüten
2 Zitronen, Schale fein abgeschält
2 l Obstbranntwein (45 Vol.-%)

Wasser und Honig aufkochen, die Lindenblüten beigeben und zugedeckt erkalten lassen. Die übrigen Zutaten daruntermischen und alles verschlossen in einem Glasbehälter 4 Wochen ziehen lassen. Abseihen, in Flaschen abfüllen und weitere 3–4 Monate an einem kühlen Ort reifen lassen.

Tipps:
In den Tee gerührt sehr zu empfehlen gegen Erkältungen.

Lindenblütensekt

Ergibt 14–15 Flaschen

400 g frische Lindenblüten
20 g frische Pfefferminze
8 l Wasser
2 l Weißwein
200 ml Weißweinessig (4,5%)
1 kg Kristallzucker
150 g Bienenhonig
1½ Zitronen
2 Orangen, in Scheiben geschnitten

Die Lindenblüten und die Pfefferminzblätter mit heißem Wasser überbrühen und zugedeckt erkalten lassen. Die übrigen Zutaten beigeben und gut verrühren, bis sich der Zucker völlig aufgelöst hat. Mit einem Tuch abdecken und 5–7 Tage an einem warmen Ort stehen lassen. Jeden Abend und jeden Morgen gut durchrühren.
Wenn die Flüssigkeit beginnt, Blasen zu werfen, durch ein gebrühtes Tuch passieren, in Champagnerflaschen abfüllen, verkorken und verdrahten (siehe Rezept Holunderblütensekt, Seite 44). 2–3 Monate an einem kühlen Ort lagern. Kalt servieren.

Achtung:
Bei der Flaschengärung kann ein sehr hoher Druck entstehen. Daher Vorsicht beim Öffnen der Flaschen!

Lindenblüteneistee*

Ergibt 1 Liter

200 ml Lindenblütensirup
800 ml Mineralwasser oder Quellwasser
2 Zitronen, Saft
6 Esslöffel Crushed Ice

Alle Zutaten in einen Wasserkrug geben, gut umrühren und kalt servieren.

Rosenwasser oder Rosensirup*

Ergibt 1½ Liter

1 l Wasser
½ kg Gelierzucker
½ kg Zucker
20 g Zitronensäure
1 Litermaß ungespritzte wohlriechende Rosenblütenblätter, in Streifen geschnitten
2 Zitronen, in Scheiben geschnitten

Wasser, Gelierzucker und Zucker aufkochen und erkalten lassen. Die Zitronensäure beigeben. In ein 2-Liter-Sterilisierglas die Rosenblütenstreifen und die Zitronenscheiben einschichten und die Zuckerlösung dazugeben. Das Glas abdecken und das Ganze 6–7 Tage an einem kühlen Ort ziehen lassen. Anschließend das Rosenwasser abseihen und kühl auf bewahren. Innerhalb von 2–4 Wochen verbrauchen.

Tipps:
Für längere Haltbarkeit dem Rosenwasser Natriumbenzoat beigeben (siehe Glossar).
Durch Beigabe von etwas Rosenblütenkonzentrat (folgendes Rezept) kann das Aroma des Rosenwassers verstärkt werden.
Für **Rosenblütenlimonade** pro Glas 1–1½ cm hoch Rosenwasser geben, mit Mineral- oder Quellwasser auffüllen.

La vie en rose … Im ersten Sonnenlicht entfalten sie ihre Farbenpracht in Zartrosa, Weiß, leuchtendem Gelb, Scharlachrot bis Purpur und fast Schwarz. Zwergrosen, Kletterrosen, üppige Rosenbüsche, die ihre Zweige aufwärts recken, als wollten sie mit ihrem Duft den ganzen Himmel betören. Die Rose – Symbol der Schönheit und der Liebe – verwöhnt mit ihrem Duft die Nase und schmeichelt dem Gaumen. In der Küche und für Getränke hat sie heute an Bedeutung verloren. Dabei sind ihre Eigenschaften und Verarbeitungsmöglichkeiten unerreicht. Es können alle ungespritzten Rosenblüten verarbeitet werden. Von den wohlriechenden Rosen müssen die Läuse abgelesen oder im Garten mit biologischen Mitteln, zum Beispiel Brennnesseljauche, bekämpft werden.

Rosenblütenfrappé*

Pro Glas

5 cl Rosenblütensirup
1 Kugel Vanilleeis
150 ml Milch
2 Esslöffel Himbeersirup

Alle Zutaten in den Mixer geben und gut aufmixen. In ein Glas gießen und mit Trinkhalm servieren.

Rosenblütenbowle

Für 6–8 Personen

½ l Rosenblütensirup
5 ungespritzte Rosenblüten
1 Zitrone, in Scheiben geschnitten
1 Orange, in Scheiben geschnitten
2 Flaschen trockener Weißwein
100 ml Grand Marnier
100 ml Himbeersirup
1 Flasche Champagner oder Sekt

Den Rosenblütensirup mit den Blättern der Rosenblüten, den Zitronen- und Orangenscheiben in eine Bowlenschüssel geben, Weißwein, Grand Marnier und Himbeersirup daruntermischen, gut aufrühren und an einem kühlen Ort 30–40 Minuten ziehen lassen. Vor dem Servieren abseihen und mit dem Champagner oder dem Sekt auffüllen.

Rosenblütenkonzentrat*

Ergibt ½ Liter

500 g ungespritzte wohlriechende Rosenblütenblätter
750 g Zucker
2 Zitronen, Saft
100 ml Wasser, abgekocht und erkaltet

In ein passendes Sterilisierglas die Rosenblütenblätter abwechselnd mit dem Zucker einschichten und fest zusammendrücken. Den Zitronensaft mit dem Wasser vermischen und darübergießen. Das Glas gut verschlossen etwa 10 Tage an einen sonnigen Platz stellen. Danach den Inhalt durch ein gebrühtes Tuch gießen, die Blütenblätter auspressen und den Saft in eine Flasche füllen. Die gut verschlossene Flasche in ein Wasserbad stellen und 20 Minuten bei 85 Grad pasteurisieren. Abkühlen lassen und gut verschlossen aufbewahren.

Das Konzentrat zum Nacharomatisieren von Rosenwasser, für Bowlen oder Backwaren benutzen.

Cocktail d'amour

Für 2 Personen

5 cl Himbeersirup
5 cl Rosenlikör
3 cl Rosenkonzentrat
2 Esslöffel Crushed Ice
Champagner
2 Eiswürfel, mit je 1 Blatt einer wohlriechenden Rosenblüte eingefroren

Himbeersirup, Rosenlikör, Rosenkonzentrat und Crushed Ice in den Mixer geben. Kurz durchmixen und in Champagnerschalen abseihen. Mit Champagner aufspritzen und den Eiswürfel mit dem eingefrorenen Rosenblatt hineingeben.

Rosenlikör

Die Blütenblätter von 5 großen Rosenblüten (etwa 1 Litermaß) mit 100 ml Rosenblütenkonzentrat und 700 ml Himbeergeist gut verrühren, in ein Einmachglas geben und gut verschlossen 6–8 Tage ziehen lassen. Dann abseihen, mit ein paar Tropfen roter Lebensmittelfarbe oder Himbeersirup leicht einfärben, in Flaschen abfüllen und verkorken.

Red Rose

Für 2 Personen

5 cl Rosensirup
½ Zitrone, Saft
1 Prise Salz
5 cl Wodka
2 Esslöffel Crushed Ice
2 Orangen, Schale dünn abgeschält
Champagner zum Aufspritzen

Alle Zutaten bis und mit Crushed Ice im Mixer gründlich durchmixen. In zwei Cocktailgläser verteilen und mit der Orangenschale abspritzen. Mit Champagner auffüllen und je ein gefrorenes Rosenblütenblatt ins Glas geben.

Tipp:
Zum Abspritzen mit Orangenschale nehmen Sie die Orangenschalenstücke zwischen Zeigefinger und Daumen und pressen sie, so dass die ätherischen Öle ins Glas spritzen.

Tête à tête

Für 2 Personen

200 ml weißer Portwein
5 cl Rosenblütensirup
½ Teelöffel Zucker
2 Eigelb
3 Esslöffel Crushed Ice
5 cl Rahm
5 cl Himbeersirup
schwarzer Pfeffer aus der Mühle

Alle Zutaten bis auf den Pfeffer in einen Shaker geben. Gut schütteln und in ein großes Glas seihen. Mit schwarzem Pfeffer würzen und mit 2 Trinkhalmen servieren.

Sommernachtsbowle

Zum 21. Juni, der kürzesten Nacht des Jahres

Für 6–8 Personen

½ l Rosenwasser
½ l Johannisbeersaft
1 Hand voll ungespritzte Rosenblüten
1 Zitrone, in Scheiben geschnitten
1 Orange, in Scheiben geschnitten
100 ml Noilly Prat (trockener Wermut)
2 Flaschen trockener Rosé
1 Flasche Rosé-Champagner

Alle Zutaten bis auf den Champagner in eine Bowlenschüssel geben und rund 2 Stunden an einem kühlen Ort ziehen lassen. Kurz vor dem Servieren die Flüssigkeit abseihen, in eine saubere Bowlenschüssel geben und mit dem Champagner aufspritzen. Die Bowle in vorgekühlten Bowlengläsern servieren.

Johannisbeersaft, roh oder gekocht

Für 4 Liter

4 kg rote, weiße oder schwarze Johannisbeeren
2 kg Zucker

Die Beeren an den Rispen waschen, gut abtropfen lassen, von den Stielen streifen, verlesen und abwiegen. In kleinen Portionen in die Handpresse geben und zuerst sanft, dann ganz fest pressen, so dass der Saft ohne zu spritzen vollständig aus den Beeren gedrückt wird. Wenn ein klarer Saft gewünscht ist, den Saft etwas stehen lassen.
Danach den Saft behutsam vom Bodensatz abgießen. Mit dem Zucker verrühren, bis dieser vollständig gelöst ist. In Flaschen füllen und sie verschließen. Der Saft ist im Kühlschrank einige Tage haltbar.
Gekochten Johannisbeersaft zubereiten wie oben beschrieben, den mit dem Zucker vermischten Saft aber kurz aufkochen, abschäumen und noch heiß in saubere, ausgespülte Flaschen füllen und sofort verschließen. Der gekochte Saft ist über 1 Jahr haltbar.

Johannisbeermilch*

Für 4 Gläser

600 ml Milch
2 Eigelb
2 Esslöffel Crushed Ice
300 ml Johannisbeersaft
1 Esslöffel Zitronensaft
4 Johannisbeerrispen, in Zucker gewendet

Milch, Eigelbe und Crushed Ice im Mixer kurz aufmixen. Dann die übrigen Zutaten dazugeben und nochmals gut durchmixen. In hohe Trinkbecher geben, eine Johannisbeerrispe auf den Becherrand setzen und mit Trinkhalmen servieren.

Rosarotes Herzallerliebstes

Für 2 Personen

5 cl Johannisbeersaft
5 cl Rosenwasser
5 cl Noilly Prat (trockener Wermut)
2 Esslöffel Crushed Ice
Champagner oder Sekt zum Auffüllen

Alle Zutaten bis und mit Crushed Ice in den Shaker geben, gut durchschütteln und in Gläser abseihen. Mit Champagner oder Sekt auffüllen.

Hans im Glück

Zum Johannistag, dem 24. Juni

Für 4 Personen

100 ml roter Johannisbeersaft
100 ml Rosenwasser
100 ml Orangensaft
100 ml Noilly Prat (trockener Wermut)
1 l Johannisbeerwein (ersatzweise leichter Rotwein)

Alle Zutaten bis und mit Noilly Prat in eine Bowlenschüssel geben, verrühren und 2–3 Stunden im Kühlschrank zugedeckt ziehen lassen. Vor dem Servieren mit dem ebenfalls gekühlten Johannisbeerwein auffüllen.

Johannisbeerwein

Ergibt 9–10 Liter

3½ kg rote Johannisbeeren
800 g Sultaninen, gehackt
Klärmittel, in lauwarmem Wasser aufgelöst (siehe Glossar)
2½ kg Zucker
4 Teelöffel Weinhefe, in etwas lauwarmem Wasser aufgelöst
Hefenährsalz
6 reife Bananen

Die abgerebelten Johannisbeeren in ein großes Gärgefäß mit weiter Öffnung geben und mit einem Holzstössel gut zerdrücken. Die Sultaninen hinzufügen. 5 Liter Wasser dazugießen und untermischen. Die Klärmittellösung hineinrühren.

Die Hälfte des Zuckers mit 2½ Liter Wasser in einen Kochtopf geben. Bis zum Siedepunkt erhitzen und 2 Minuten kochen lassen. Den Zuckersirup abkühlen lassen und dann unter die Johannisbeermaische mischen. Die aufgelöste Weinhefe und das Hefenährsalz hinzufügen. Das Gärgefäß mit Klarsichtfolie abdecken und die Folie mit Küchengarn festbinden oder einen gut schließenden Deckel auflegen. Die Maische bei zirka 18 Grad 8 Tage gären lassen. Jeden Tag einmal umrühren. Nach 4 Tagen die Bananen schälen, zerdrücken und ebenfalls zur Johannisbeermaische geben, gut durchrühren.

Nach 8 Tagen ein Sieb mit einer doppelten Lage feuchtem Nesseltuch auslegen und die Maische hineingießen. Die Kanten des Tuchs fassen und zusammendrehen, so dass der Saft vollkommen aus der Maische gepresst wird. Den passierten Wein wieder in das gereinigte Gärgefäß geben.

Den restlichen Zucker mit 1,2 Liter Wasser in einen Kochtopf geben und 2 Minuten kochen, dann abkühlen lassen. Den Zuckersirup zum Wein geben.

Das Gärgefäß wie zuvor abdecken und den Wein weitere 3–4 Tage gären lassen. Dann den Wein behutsam in einen 10 Liter fassenden Glasballon abziehen, bis zum Halsansatz mit abgekochtem, abgekühltem Wasser auffüllen, einen Gärverschluss aufsetzen und bei 15–18 Grad Raumtemperatur stehen lassen, bis die Gärung beendet ist. Den Wein in Flaschen abziehen, verkorken und 3–6 Monate lagern. Für einen Wein aus **schwarzen Johannisbeeren** 4 kg schwarze Johannisbeeren und 2,6 kg Zucker nehmen.

Meertrübeliwy

Johannisbeerwein nach Rezept von Erna und Hansruedi Köhli

Ergibt 20 Liter

12 kg rote Johannisbeeren, entstielt
6–7 kg Zucker, je nach Süße und Geschmack der Johannisbeeren
ca. 3 l lauwarmes Wasser

Die Beeren in einer großen Schüssel mit einem Holzstößel zerstampfen, dann in der Handpresse gut auspressen.
Den Zucker mit dem Wasser verrühren, bis er sich vollständig aufgelöst hat. Den Johannisbeersaft mit dem Zuckerwasser in eine Ballonflasche von 20 Litern füllen, mit Wasser auffüllen. In einem Raum bei 18–20 Grad 2–3 Wochen gären lassen, immer wieder Wasser nachfüllen, so dass die Ballonflasche spundvoll ist. Sobald die Gärung beendet ist, die Flasche mit einem passenden Korken verschließen. In den kühlen Keller stellen und im Frühjahr (März bis April) sorgfältig ohne Satz in Flaschen abfüllen.

Rosarotes Herzgetränk*

Ergibt 1¼ Liter

150 ml Johannisbeersaft
5 cl Rosenwasser
2 Zitronen, Saft
2 Esslöffel Crushed Ice
1 l Mineralwasser

Den Johannisbeersaft und das Rosenwasser in einem Glaskrug verrühren, den Zitronensaft und das Crushed Ice dazugeben und mit Mineralwasser auffüllen. In Gläsern mit Herzdekoration servieren.

Gedämpfter Cassissaft

Ergibt 4 Liter

5 kg vollreife schwarze Johannisbeeren, abgerebelt
1,5 kg Zucker
1 Zimtstange, zerkleinert
300 ml Rotwein

Die Beeren in einer Schüssel gut zerstampfen, mit dem Zucker und der zerkleinerten Zimtstange bestreuen und den Rotwein darübergießen. Das Ganze 6 Stunden ziehen lassen. Dann in einen passenden Topf geben, aufkochen und auf kleiner Flamme 10–15 Minuten köcheln lassen. Durch ein Tuch abseihen. Den aufgefangenen Saft nochmals aufkochen und abschäumen. In heiß ausgespülte Flaschen mit Bügelverschluss füllen und verschließen.

Tipps:
Die nach dem Abseihen zurückbleibenden Beeren können Sie für Crème de Cassis weiterverwerten.

Crème de Cassis

Ergibt 4½ Liter

Schwarze Johannisbeeren von der Saftzubereitung
1½ l gedämpfter Cassissaft
150 g weißer Kandiszucker
6 Schwarze-Johannisbeer-Blätter, grob geschnitten
4 Nelken
3 l Weinbrand

Alle Zutaten gut vermischen und in einem passenden Gefäß 10 Tage ziehen lassen. Durch ein Tuch filtrieren, in saubere Flaschen abfüllen und verschließen.

Tipp:
Für **Kir Royale** etwa einen Fingerbreit Crème de Cassis in Champagnergläser geben und mit Champagner aufspritzen.

Cassisswein

Ergibt 4 Liter

Schwarze Johannisbeeren von der Saftzubereitung (siehe Seite 56)
4 l kräftiger Rotwein
200 ml Weinbrand
1 Vanilleschote, der Länge nach aufgeschnitten

Alle Zutaten gut vermischen und 8 Tage im kühlen Keller stehen lassen; jeden Tag einmal umrühren. In eine Gärflasche abseihen und 4–5 Wochen nachgären lassen. Dann den Wein filtrieren und in Flaschen abfüllen.

Ratafia von schwarzen Johannisbeeren

Ergibt 2 Liter

1,2 kg vollreife schwarze Johannisbeeren, abgerebelt
400 g Zucker
300 ml Wasser
3 Schwarze-Johannisbeer-Blätter, grob geschnitten
¼ Zimtstange
5 Nelken
1 l Obstbranntwein (45 Vol.-%)

Die Beeren in einem Topf zerstoßen. Zucker und Wasser beigeben, unter Rühren zum Kochen bringen und etwa 20 Minuten köcheln, dann auskühlen lassen. In ein passendes Gefäß geben, die grob geschnittenen Johannisbeerblätter, Zimtstange, Nelken und den Obstbranntwein daruntermischen. 10 Tage ziehen lassen, dann abseihen, in Flaschen abfüllen und verkorken.

Gesindewein

Ergibt 10 Liter

1 l Wasser
500 g Zucker
1 l Johannisbeersaft, frisch gepresst
50 g Rosinen, grob gehackt

1 l Wasser
300 g Zucker
1 l Stachelbeerensaft, frisch gepresst
50 g Rosinen, grob gehackt

1 l Wasser
350 g Zucker
1 l Heidelbeersaft, frisch gepresst
1 l Rotwein
50 g Rosinen, grob gehackt

1 l Wasser
420 g Zucker
1 l Erdbeersaft
50 g Rosinen, grob gehackt

Wasser und Zucker aufkochen, bis sich der Zucker aufgelöst hat, abkühlen lassen. Zuckerwasser, Johannisbeersaft und Rosinen in den Gärbehälter geben und 4 Wochen bei 18–20 Grad gären lassen. Den Johannisbeerwein filtrieren und in Flaschen abfüllen. Stachelbeerensaft, Heidelbeersaft (unter zusätzlicher Zugabe von Rotwein) und Erdbeersaft nach dem gleichen Verfahren zu Wein verarbeiten. Die vier Weine zuletzt zu einer Cuvée zusammenmischen.

Übrigens:
Die nach der Verarbeitung zu Gelee, Sirup usw. nicht mehr gebrauchten Rückstände von Beeren gab man in früheren Zeiten gemischt in ein Fass zum Vergären, meistens wurde zuletzt daraus Beerenbranntwein gebrannt. Es sei denn, das Gesinde hatte sich zuvor schon davon bedient ... Daher soll dieser Wein seinen Namen haben.

Schwarze-Johannisbeeren-Likör

Ergibt 4 Liter

2,5 kg schwarze Johannisbeeren
700 g Zucker
½ l Wasser
2 l Obstbranntwein (45 Vol.-%)

Die abgerebelten schwarzen Johannisbeeren in einem Topf zerstoßen. Zucker und Wasser beigeben, unter Rühren zum Kochen bringen und etwa 20 Minuten köcheln, dann auskühlen lassen. In ein passendes Gefäß geben und den Obstbranntwein dazugießen. 8 Tage ziehen lassen, dann abseihen, in Flaschen abfüllen und verkorken.

Kirschenkaltschale

Für 4 Personen

500 g Kirschen, entsteint
½ l Rotwein
1 Zimtstange
2 Nelken
4 Zitronenscheiben
120 g Zucker
¼ l Wasser
2 gestrichene Esslöffel Speisestärke
3 cl Kirschwasser
Pfefferminzblätter zum Ausgarnieren

Kirschen, Rotwein, Gewürze, Zitronenscheiben und Zucker in einem Topf etwa 10 Minuten ziehen lassen. Wasser und Speisestärke gut verrühren, in die Masse rühren und einmal gut aufkochen lassen. Kalt stellen. Vor dem Servieren das Kirschwasser dazugeben und umrühren. In vorgekühlten Suppentassen servieren. Mit einem Minzblatt ausgarnieren.

Tipps:
Ideal an heißen Sommertagen statt einem Apéro oder einer Suppe! Nach Belieben noch mit einem Esslöffel Sauerrahm oder Joghurt verfeinern.

Kirschensuppe*

Für 4 Personen

500 g Kirschen
1 l Wasser
150 g Zucker
1 Vanilleschote, der Länge nach halbiert
1 Zimtstange
1 Zitrone, Schale
1 Päckchen Vanillepuddingpulver

Die Kirschen waschen und entsteinen. Den dabei abgelaufenen Saft und die Steine mit dem Wasser, dem Zucker, den Gewürzen und der Zitronenschale 10 Minuten bei mittlerer Hitze kochen. Das Puddingpulver mit Wasser glatt rühren, zur Suppe geben und einmal aufkochen. Die Suppe schmeckt warm oder kalt.

Tipp:
Die Suppe im Mixer kurz pürieren und vor dem Servieren kleine Rahmhäubchen daraufsetzen.

Mit dir ist gut Kirschen essen!

Kirschsirup*

Ergibt 2½ Liter

2,5 kg Sauerkirschen, entsteint
1 l Wasser
ca. 1,5 kg Zucker

Die Kirschen mit dem Wasser in einem weiten Topf aufkochen und bei mittlerer Hitze 2 Stunden kochen lassen. In ein Passiertuch geben und den Saft ohne Druck ablaufen lassen. Den Saft abmessen; pro Liter Saft 600 g Zucker hinzufügen. Aufkochen und fünf Minuten kochen lassen. Sofort in heiß ausgespülte Flaschen füllen und verschließen.

Tipps:
Mit Mineralwasser oder Quellwasser verdünnen. Ausgezeichnet auch mit etwas Weißwein und Mineralwasser aufgespritzt, ganz edel mit Champagner. Für eine besondere Note beim Aufkochen den Kirschen eine aufgeschlitzte Vanilleschote oder eine Zimtstange oder einen Teelöffel Anis beigeben.

Kirschenfest

Für 10 Personen

½ l Kirschsirup
200 ml Grand Marnier
4 Zitronen, Saft
2–3 Rispen Lavendel
2 Flaschen Champagner oder Sekt

Alle Zutaten bis auf den Champagner oder Sekt in eine Bowlenschüssel geben und gut verrühren. 2–3 Stunden in den Kühlschrank stellen, dann die Lavendelrispen herausnehmen und vor dem Servieren mit Champagner oder Sekt auffüllen.

Kirschwein

Ergibt 4½ Liter

10 kg Sauerkirschen (oder halb Sauer-, halb Süßkirschen), entstielt und entsteint
auf 4 l Saft:
1 kg Zucker
12 Gewürznelken
2 Zimtstangen
5 cl Kirschwasser

Die Kirschen in einem passenden Gefäß einige Tage stehen lassen. Dann den Saft durch ein Haarsieb treiben und die Rückstände auspressen. Auf 4 Liter Saft die angegebenen Zutaten beigeben und alles in einem Gärgefäß bei 18–20 Grad 4–6 Wochen gären lassen. Filtrieren, in Flaschen abfüllen und verkorken.

Tipps:
Kirchwein im Verhältnis 3:1 mit Apfelwein mischen. Wer den leichten Bittergeschmack mag, gibt 4–5 Tage vor dem Filtrieren 50 g aufgeschlagene Kirschenkerne bei.

Kirschlikör

Ergibt 1¼ Liter

100 g Sauerkirschen mit Stiel
1 l Kirsch
½ Zimtstange
2 Nelken
½ Zitrone, Schale fein abgeschält
100 ml Rotwein
100 g Zucker

Den holzigen Ansatz von den Kirschenstielen wegschneiden, die Kirschen samt Stielen waschen und

trocknen. Alle übrigen Zutaten gut vermischen und aufrühren, mit den Sauerkirschen in ein Glas geben und verschließen. 3 Monate im kühlen, dunklen Keller ziehen lassen. Den Kirschlikör abseihen, in Flaschen abfüllen und verschließen.

Tipp:
Die Kirschen können in flüssige Schokolade getunkt und zum Kaffee oder mit dem Kirschlikör serviert werden.

Heidelbeer-Kir

Für 2 Personen

5 cl Heidelbeersaft
2½ cl Kirschwasser
1 Esslöffel Crushed Ice
Champagner

Heidelbeersaft, Kirschwasser und Crushed Ice in den Shaker geben, kurz gut schütteln, in hohe Champagnergläser verteilen und mit Champagner auffüllen.

Heidelbeersaft und -limonade*

Ergibt 4 Liter Saft

3,5 kg Heidelbeeren
1 l Wasser
500 g Zucker
½ Zimtstange

Die Heidelbeeren zusammen mit Wasser, Zucker und Zimtstange in einen großen Topf geben. Das Ganze zugedeckt rasch zum Kochen bringen und bei reduzierter Hitze 10–15 Minuten leise sieden lassen. In ein gebrühtes Tuch geben und den Saft ablaufen lassen, bis das Fruchtmus im Tuch ganz trocken ist. Den Saft nochmals bis kurz vor den Siedepunkt er-

hitzen, dann in heiß ausgespülte Flaschen füllen und fest verschließen.
Für **Heidelbeerlimonade** den Saft mit Mineralwasser oder Quellwasser aufspritzen und nach Belieben noch etwas Zitronensaft dazugeben – ein erfrischendes, herrliches Sommergetränk!

Heidelbeerwein

Ergibt 9 Liter

- 4 kg Heidelbeeren
- 7 ½ l kochendes Wasser
- 1 Tasse starker Schwarztee
- 1 Zitrone, Saft
- 2,5 kg Zucker
- 2 Teelöffel Weinhefe, in etwas lauwarmem Wasser angerührt

Die Heidelbeeren in einem Steinguttopf zerdrücken. Das kochende Wasser zusammen mit dem Schwarztee dazugießen und kräftig durchrühren. Das Gefäß mit einem Tuch abdecken und 1 Tag stehen lassen. Danach die übrigen Zutaten beigeben, gut verrühren und das Gefäß wiederum mit dem Tuch abgedeckt 1 Woche stehen lassen; dabei die Mischung jeden Tag einmal gut durchrühren.
Die Flüssigkeit durch ein Tuch in eine große Schüssel ablaufen lassen, bis die Maische trocken ist, und anschließend durch einen Trichter in einen Glasballon gießen. Diesen bis zum Halsansatz füllen, wenn nötig mit abgekochtem kaltem Wasser auffüllen und einen Gärverschluss aufsetzen. Nach 3 Monaten den Heidelbeerwein in saubere Gefäße abziehen. Sobald die Gärung beendet und die Flüssigkeit klar ist, den Wein in Flaschen abfüllen und 1 weiteres Jahr lagern.

Tipps:
Heidelbeerwein passt ausgezeichnet zum Aperitif.

Heidelbeerbowle

Für 6–8 Personen

- ½ l Heidelbeersaft
- 150 g Zucker
- 1 Vanilleschote, der Länge nach halbiert
- 1 Zitrone, in Scheiben geschnitten
- 2 Flaschen Roséwein
- 1 Flasche Rosé-Champagner

Alle Zutaten bis auf den Champagner in eine Bowlenschüssel geben und gut umrühren. 2–3 Stunden zugedeckt im Kühlschrank ziehen lassen. Abseihen und kurz vor dem Servieren mit Rosé-Champagner aufspritzen.

Kamillentropfenlikör
Gegen Bauchweh

Ergibt 1 Liter

- 120 g frische Kamillenblüten
- 20 frische Pfefferminzblätter
- 10 Fenchelsamen
- 2 Zitronen, Schale fein abgeschält
- 1 l Rum
- 120 g Zucker

Alle Zutaten gut vermischen, in ein passendes Glas geben und verschließen. 10 Tage an die Sonne stellen und ziehen lassen, dabei jeden Tag einmal gut aufschütteln. Filtrieren und in Flaschen abfüllen.

Tipp:
Nach einem fettreichen Essen oder bei Bauchschmerzen 20–30 Tropfen einnehmen oder in Wasser verdünnt trinken. Diese Hausmedizin aus Großmutters Zeiten wirkt Wunder!

Nusslikör

Ergibt 1¼ Liter

- 8 grüne (unreife) Baumnüsse, zwischen dem 21. Juni und dem 10. Juli geerntet
- 1 l Obstbranntwein
- 1 Teelöffel gemahlener Kaffee
- 1 Teelöffel dunkles, ungesüßtes Schokoladenpulver
- 1 Prise Vanillezucker
- 220 g Zucker

Die Nüsse mit den Schalen in feine Scheiben schneiden, in den Branntwein einlegen und 1 Monat ziehen lassen. Dann Kaffeepulver, Schokoladenpulver, Vanillezucker und Zucker beigeben und gut verrühren. Fest verschlossen weitere 15 Tage ziehen lassen. Danach sorgfältig durch einen Kaffeefilter abseihen, in Flaschen abfüllen und gut verschließen. 3–6 Monate ruhen lassen.

Stachelbeer-Joghurtgetränk*

Für 2 Personen

- 150 ml Stachelbeersaft
- ¼ l Joghurt nature
- 2 Esslöffel Crushed Ice
- 2 Pfefferminzblätter, gehackt
- 2 Pfefferminzblätter, ganz

Alle Zutaten bis auf die ganzen Pfefferminzblätter im Mixer kurz gut durchmixen. In zwei Gläser geben und mit je einem Pfefferminzblatt ausgarnieren. Mit Trinkhalmen servieren.

Stachelbeersaft und -limonade*

Ergibt 3 Liter

3,5 kg Stachelbeeren
1 l Wasser
450 g Zucker
1 Vanilleschote, der Länge nach halbiert
1 Kaffeelöffel Anis

Die Stachelbeeren von Stiel und Blütenansatz befreien, waschen und in einen großen Topf geben. Wasser, Zucker, Vanilleschote und Anis dazugeben. Das Ganze zugedeckt rasch zum Kochen bringen und bei reduzierter Hitze etwa 10 Minuten leise sieden lassen. In ein gebrühtes Tuch geben und den Saft ablaufen lassen, bis das Fruchtmus im Tuch ganz trocken ist. Den Saft nochmals kurz erhitzen, in heiß ausgespülte Flaschen füllen und sie verschließen. Für Stachelbeerlimonade Stachelbeersaft nach Wunsch in ein Glas geben und mit Mineralwasser oder Quellwasser auffüllen.

Tipp:
Das Fruchtmus z. B. zu Stachelbeerlikör oder für ein **Stachelbeer-Joghurtgetränk** weiterverarbeiten.

Stachelbeerwein

Ergibt 9–10 Liter

3 kg vollreife Stachelbeeren, geputzt
7 ½ l Wasser
Klärmittel, in lauwarmem Wasser aufgelöst (siehe Glossar)
2 kg Zucker
4 Teelöffel Weinhefe, in etwas lauwarmem Wasser aufgelöst
Hefenährsalz
1 kleines Bund Zitronenmelisse

Die Stachelbeeren in ein großes Gärgefäß mit weiter Öffnung geben und mit den Händen gut zerdrücken. 5 Liter Wasser daruntermischen und die Klärmittellösung hinzufügen.
Den Zucker mit den verbleibenden 2½ Litern Wasser aufkochen und 2 Minuten kochen, dann abkühlen lassen. Den Zuckersirup unter die Stachelbeermaische rühren. Die aufgelöste Weinhefe, Hefenährsalz und Zitronenmelisse hinzufügen. Das Gärgefäß abdecken oder einen gut schließenden Deckel auflegen. Die Maische 7–8 Tage gären lassen, dabei täglich umrühren.
Ein Sieb mit einer doppelten Lage feuchtem Nesseltuch auslegen und die Maische hineingießen. Die Kanten des Tuchs fassen, zusammendrehen und die Flüssigkeit aus der Maische auspressen. Den passierten Wein wieder in das gesäuberte Gärgefäß geben und weitere 3–4 Tage gären lassen. Anschließend den Wein behutsam in einen 10-Liter-Glasballon abziehen, bis zum Halsansatz mit abgekochtem, abgekühltem Wasser auffüllen, einen Gärverschluss aufsetzen und das Gefäß stehen lassen, bis die Gärung beendet ist. Den Wein in Flaschen füllen und lagern.

Stachelbeerlikör

Ergibt 1¼ Liter

Das Fruchtmus von der Saftzubereitung (siehe Seite 64) mit 200 ml Stachelbeersaft und 80 g Zucker sowie 1 l Kirschwasser gut aufrühren, in einem verschlossenen Gefäß etwa 8 Tage ziehen lassen, dann abseihen, in passende Flaschen abfüllen und verkorken. 2 Monate reifen lassen.

Stachelbeerbowle

Für 6–8 Personen

½ l Stachelbeersaft
2 Zweige Zitronenmelisse
2 Zitronen, in Scheiben geschnitten
2 Flaschen Riesling
1 Flasche Champagner oder Sekt

Alle Zutaten bis auf den Champagner oder Sekt in eine Bowlenschüssel geben und 2 Stunden im Kühlschrank ziehen lassen. Vor dem Servieren abseihen und wieder in die Bowlenschüssel geben, mit Champagner aufgießen und kalt in vorgekühlten Gläsern servieren.

Juli

Das Geburtstagsgetränk des Krebses
22. Juni bis 22. Juli

Die empfindsamen Krebse gehören zu den glücklichen Träumern. Sie lassen sich leicht beeinflussen; werden sie aber in die Enge getrieben, gehen sie zum Angriff über. Am wohlsten ist ihnen bei guten Freunden, Verwandten oder beim Partner. Darum legen sie so großen Wert auf Heim, Familie und Geborgenheit. Krebs-Geborene sind vorausschauend, sie wissen um den Wert des Geldes und sind sparsam. Krebse sind ruhige Menschen. Am Tisch oder bei Partys harren sie stundenlang aus, plaudern, genießen, freuen sich auf die kommenden Köstlichkeiten – und hoffen auf immer gute Zeiten.

Hoffnung

Für 2 Personen

1 dünne Scheibe reife Wassermelone
1 Zitrone, frisch gepresst
100 ml Himbeersirup
2½ cl Himbeergeist
1 Esslöffel Crushed Ice
Champagner
2 Pfefferminzblätter

Die Wassermelone von Schale und Kernen befreien und in Stücke schneiden. Die Zutaten bis auf den Champagner und die Pfefferminzblätter in den Mixer geben und gut durchmixen. In vorgekühlte Gläser verteilen, mit Champagner aufspritzen und mit einem Pfefferminzblatt dekorieren

Brausepulver*

Mit dieser Mischung lässt sich rasch ein erfrischend wirkendes, sehr kohlensäurereiches Getränk herstellen.

10 Teile doppelt kohlensaures Natron (aus der Apotheke)
9 Teile Weinsäure
19 Teile Zucker

Die Bestandteile müssen vollkommen trocken und feinstens pulverisiert sein (im Mörser oder Cutter). Gründlich mischen und das Pulver gut verschlossen trocken aufbewahren. Zum Anrühren eines Getränks 1 Teelöffel Pulver in 1 Glas Wasser geben, rasch umrühren und während des Aufschäumens trinken.

Tipp:
Gibt man vorher in das Wasser Sirup, Fruchtsäfte von Himbeeren, Brombeeren usw., erhält man eine Art Brauselimonade.

Himbeersaft und -limonade*

Ergibt 4 Liter

3,5 kg vollreife Himbeeren
600 ml Wasser
600 g Zucker

Die Himbeeren mit dem Wasser und dem Zucker in einen großen Topf geben. Unter Rühren rasch zum Kochen bringen, dann bei reduzierter Hitze 10–15 Minuten leise sieden lassen. Danach in ein gebrühtes Tuch geben und den Saft ablaufen lassen, bis das Fruchtmus im Tuch ganz trocken ist. Den Saft nochmals bis kurz vor den Siedepunkt erhitzen, in heiß ausgespülte Flaschen füllen und fest verschließen. Für Himbeerlimonade den Saft mit Mineralwasser oder Quellwasser aufspritzen, nach Belieben etwas Zitronensaft beigeben. Ergibt ein herrliches erfrischendes Sommergetränk.

Tipp:
Ein Sträußchen Zitronenmelisse während des sanften Siedens beigeben – schmeckt ausgezeichnet.

Beerenstark! Mit den Monaten Juni und Juli beginnt die Beerensaison, die bis in den Oktober dauert. Wer keinen Garten besitzt, muss nicht auf diese Köstlichkeiten verzichten. Wald, Hecken und Lichtungen laden zum Beerenpflücken ein. Beeren, die an sauberen Plätzen gesammelt wurden, müssen nicht gewaschen werden. Beeren immer frisch verarbeiten, denn sie sind äußerst druckempfindlich. Früchte, die nicht sofort konsumiert oder tiefgekühlt werden, kühl aufbewahren. Von Himbeeren und Brombeeren kann man die jungen Blätter trocknen und später für Tee verwenden.

Himbeerfrappé*

Für 2 Personen

100 g Himbeeren
2 Kugeln Vanilleeis
200 ml Milch

Himbeeren, Vanilleeis und Milch in den Mixer geben, durchmixen und in zwei hohe Gläser geben. Mit Trinkhalmen servieren.

Tipp:
Schmeckt ausgezeichnet mit einem Schuss Himbeerlikör.

Feurige Liebe

Für 2 Personen

2 Basilikumblätter
5 cl Himbeerlikör
5 cl Himbeersiurp
8 cl Rahm
2 Esslöffel Crushed Ice

In die Cocktailgläser zum Vorkühlen je ein Basilikumblatt geben; sie geben einen dezenten Duft ab, der wunderbar mit dem Getränk harmoniert. Die übrigen Zutaten in den Shaker geben, kurz und kräftig durchschütteln. Vor dem Anrichten das Basilikumblatt entfernen und den Drink durch ein Barsieb in die Gläser gießen.

Himbeerbowle

Für 6 Personen

600 ml Himbeersaft
150 g Zucker
1 Sträußchen Pfefferminze
1 Zitrone, in Scheiben geschnitten
2 Flaschen Roséwein
100 ml Grand Marnier
1 Flasche Rosé-Cmpagner

Alle Zutaten bis und mit Grand Marnier in eine Bowlenschüssel geben und gut umrühren. 2–3 Stunden zugedeckt im Kühlschrank ziehen lassen. Abseihen und kurz vor dem Servieren mit dem Rosé-Champagner aufspritzen.

Tipp:
Kleine Spießchen mit frischen Himbeeren dazu servieren.

Himbeerlikör

Ergibt 1 Liter

180 g Zucker
300 ml frisch gepresster Himbeersaft
½ Vanilleschote, der Länge nach halbiert
700 ml Himbeergeist (40 Vol.-%)

Den Zucker mit dem Himbeersaft gut verrühren, bis sich der Zucker aufgelöst hat. Alle übrigen Zutaten mit dem Himbeersaft in ein Glas geben und verschlossen 3 Wochen ziehen lassen. Vorsichtig in saubere Flaschen abfüllen.

Tipps:
Der Bodensatz kann für Desserts verwendet werden, z. B. Himbeeren zerdrücken, mit dem Himbeerlikörsatz und Puderzucker vermengen, Vanilleeis und halb geschlagenen Rahm darunterziehen.

Für **Himbeer Royale** etwa einen Fingerbreit Himbeerlikör in Champagnergläser geben und mit Champagner auffüllen.

Brombeersirup*

Ergibt 2 Liter

Sehr reife, frische Brombeeren
Auf 1 Liter Masse/Flüssigkeit:
½ l Wasser
1 kg Zucker
2 Zitronen, Saft

Die Brombeeren in einer Schüssel zu Brei verstampfen. Mit dem Wasser gut vermengt 24 Stunden zugedeckt stehen lassen. Dann die Masse durch ein Tuch abseihen. Den Zucker zur Flüssigkeit geben, aufkochen, 10 Minuten leicht weiterköcheln lassen, dann den Zitronensaft dazugeben, abschäumen und in heiß ausgespülte Flaschen mit Bügelverschluss abfüllen, verschließen und auskühlen lassen. Mindestens 1 Jahr haltbar.

Tipp:
Den Brombeersirup mit Quell- oder Mineralwasser aufgießen oder mit Milch aufmixen.

Brombeerlikör

Ergibt 1¼ Liter

¼ l frisch gepresster Brombeersaft
150 g Zucker
1 Messerspitze gemahlene Muskatnuss
2 Gewürznelken
2–3 Messerspitzen Piment
1 l Weinbrand

Alle Zutaten bis und mit Piment kurz aufkochen und sofort erkalten lassen. Nach 3 Stunden mit dem Weinbrand vermischen und weiter ziehen lassen. Nach 3–4 Tagen durch ein Tuch filtrieren und in Flaschen abfüllen.

Die scharlachroten Beeren des in Bergwäldern häufig vorkommenden Roten Holunders haben einen eher faden Geschmack. Sie sollten vor der Verarbeitung immer durch ein Sieb gepresst werden, denn die Samen verursachen Brechreiz. Nie roh genießen!

Holunder-Johannisbeer-Sirup*

Ergibt 4 Liter

1½ kg rote Holunderbeeren, abgerebelt
3 kg rote Johannisbeeren, abgerebelt
2,2 kg Zucker

Die Beeren in kleinen Portionen in die Handpresse geben und zuerst sanft, dann ganz fest zusammendrücken, so dass der Saft ohne Spritzer vollständig aus den Beeren gedrückt wird. Für einen klaren Saft stehen lassen, danach behutsam vom Bodensatz abgießen. Mit dem Zucker in einem Topf kurz aufkochen, abschäumen und noch heiß in heiß ausgespülte Flaschen mit Bügelverschluss füllen. Sofort verschließen.

Tipps:
Mit Quell- oder Mineralwasser aufgießen. Schmeckt auch sehr gut mit Champagner oder Weißwein aufgespritzt.

Holunder-Himbeer-Likör

Ergibt 1 Liter

250 g rote Holunderbeeren
125 g Zucker
250 g Himbeeren
2 junge Himbeerblätter
½ Vanilleschote, der Länge nach halbiert
700 ml Kirschwasser (40 Vol.-%)

Die roten Holunderbeeren auspressen, den Saft mit dem Zucker aufkochen und abkühlen lassen. Die Himbeeren zerstoßen, mit den in Streifen geschnittenen Himbeerblättern in ein Glasgefäß geben, den Holundersaft, Vanilleschote und Kirschwasser beigeben, gut durchrühren und 3–4 Wochen ziehen lassen. Abseihen, in Flaschen abfüllen und vor dem Genuss 3 Monate im Keller ruhen lassen.

Hustenteemischung*

60 g Thymian
60 g Lindenblüten
30 g Spitzwegerich
30 g Pfefferminze
20 g Schafgarbe
Tannenschösslingsirup zum Süßen

Die Kräuter einzeln trocknen, dann zusammenmischen. Mit heißem Wasser überbrühen und ziehen lassen. Mit Tannenschösslingsirup nach Wunsch süßen.

Gegen manches Weh hilft ein selbstgemischter Tee. Für einen selbstgemischten Tee nimmt man Blätter, Blüten und Früchte (siehe Glossar), entstielt sie und lässt sie einen Tag liegen, bis sie leicht welk sind. Dann rollt man die Blätter auf einer sauberen festen Unterlage mit der Hand und lässt sie leicht zusammengepresst 10 bis 12 Stunden liegen. Anschließend ausgebreitet an mässiger Wärme trocknen lassen.
Am besten verwendet man Mischungen von Teekräutern (z. B. Brombeer-, Himbeer- und Erdbeerblätter zu je einem Drittel) und setzt für das Aroma nach Belieben kleine Mengen stark riechender Pflanzen zu (Kamille, Lavendel, Minze, Thymian, Schafgarbe, Waldmeister usw.).

Beruhigungstee*

100 g Ehrenpreis
20 g Melissenkraut
20 g Orangenblütenblätter
10 g Pfefferminzkraut
10 g Sternanis

Mit heißem Wasser aufgießen. 3–4 Minuten ziehen lassen, dann abgießen. Kann auch kalt als Eistee getrunken werden.

Eisteekonzentrat*

Ergibt ¾ Liter

20 Löwenzahnblüten
15 Minzblätter
2 Sträußchen Waldmeister
3 Zitronenscheiben
1 l Wasser
500 g Zucker

Die Blüten und Blätter mit Zitrone und Wasser zum Kochen bringen, 10 Minuten ziehen lassen, dann abseihen. Den Teesud mit dem Zucker vermischen, rund 1 Stunde einkochen und abkühlen lassen. Dieses Konzentrat wird mit Wasser verdünnt und kalt getrunken.

Tipp:
Auf der gleichen Basis kann man auch andere, eigene Mischungen kreieren.

Blütentee*

1 Hand voll Goldmelissenblüten
1 Hand voll ungespritzte wohlriechende Rosenblüten
1 Hand voll Borretschblüten
1 Hand voll Kamillenblüten
1 Hand voll Pfefferminze
Wasser
Holunderblütensirup zum Süßen nach Bedarf

Die Blüten und die Minze mit heißem Wasser übergießen, einige Minuten ziehen lassen. Nach Belieben süßen und heiß trinken oder auch kalt als Eistee.

Schlaftee*

1 Teil Melisse
1 Teil Pfefferminze
1 Teil Lindenblüten
auf 1 Liter 4 Blätter Basilikum

Die getrockneten Kräuter mischen und mit heißem Wasser überbrühen, nach Belieben süßen.

Ginger-Eistee*

Ergibt 1 Liter

3 Teelöffel Schwarztee
15 dünne Scheiben frische Ingwerwurzel
1 l Wasser
2 Esslöffel Zitronensaft
Zucker (nach Belieben)

In eine vorgewärmte Teekanne den Tee und die Ingwerscheiben geben. Mit dem kochenden Wasser übergießen und 5 Minuten ziehen lassen. Durch ein Sieb abgießen, abkühlen lassen, Zitronensaft und Zucker daruntermischen und den Tee 2–3 Stunden im Kühlschrank erkalten lassen. Kalt mit Eiswürfeln in hohen Gläsern servieren. Trinkhalme dazugeben.

Kalter Beereneistee*

Ergibt 1 Liter

6 Teelöffel Schwarztee
800 ml kochendes Wasser
2 Zitronen, Saft
200 ml Himbeersirup
Zucker nach Belieben

Den Schwarztee in einen passenden Krug geben. Mit dem kochenden Wasser übergießen und 4 Minuten ziehen lassen. Den Tee abseihen, auskühlen lassen und 2 Stunden in den Kühlschrank stellen. Den Zitronensaft und den Himbeersirup daruntermischen, eventuell mit Zucker süßen, aufrühren und in vorgekühlten Gläsern kalt servieren.

Gegen die Sommerhitze wirken Tees und nochmals Tees. Heiß oder kalt, ganz wie gewünscht.

Tipps:
Mit Zucker sparsam umgehen, zu viel gibt noch mehr Durst!
Der Tee kann auch heiß getrunken werden.
Sie können auch Johannisbeersirup, Cassissirup oder Heidelbeersirup verwenden oder eine Mischung verschiedener Beerensirupe.

Einfacher Sommereistee*

2 Teile Lindenblüten
1 Teil Pfefferminze
Kandiszucker
Zitronensaft

Lindenblüten und Pfefferminze mit heißem Wasser übergießen, mit Kandiszucker süßen und mit Zitronensaft abschmecken. Erkalten lassen, abseihen und eventuell mit Eiswürfeln servieren.

Tipp:
Holunderblütensirup zum Süßen gibt das gewisse Etwas.

Wald-Eistee*

Ergibt 1 Liter

10 Erdbeerblätter
10 Brombeerblätter
1 Hand voll frische Tannenschösslinge
1 kleines Sträußchen Waldmeister, tiefgefroren
2 Zitronen, Saft
Zucker nach Belieben

Die Blätter und die Tannenschösslinge in einer Kanne mit heißem Wasser übergießen und kühl stellen, dann den Waldmeister dazugeben und etwa 1 Stunde ziehen lassen. Den Tee abseihen, mit Zitronensaft und Zucker abschmecken, kalt servieren.

Waldtee*

1 Hand voll Brombeerblätter
1 Hand voll Waldmeister
1 Hand voll Erdbeerblätter
1 Hand voll Veilchenblüten
1 Hand voll junge Tannenschösslinge
1 Hand voll Huflattich oder Schlüsselblumenblüten

Alle Zutaten vermischen und mit heißem Wasser übergießen, etwa 10 Minuten ziehen lassen und mit Holunderblütensirup süßen.

Tipp:
Die Zutaten in der jeweiligen Reifezeit ernten, einzeln trocknen und dann miteinander mischen.

Exotischer Gewürztee*

Ergibt 1 Liter

1 l Wasser
8 Nelken
1 Stück Zimt, 2 cm lang
1 Vanilleschote, der Länge nach halbiert
8 Pimentkörner
2 Esslöffel Zitronensaft
2 Teelöffel Schwarztee

Das Wasser mit den Gewürzen 10 Minuten auf dem Siedepunkt kochen lassen, dann durch ein Sieb abgießen. Den Zitronensaft hinzufügen und die Flüssigkeit zum Kochen bringen. Den Tee in ein Sieb geben

und das Gewürzwasser langsam darübergießen. Den Gewürztee heiß in Tassen servieren. Auf Wunsch mit etwas Zucker süßen.

Tipp:
Den Tee, leicht mit Zucker gesüßt, kalt mit Eiswürfeln in Gläsern servieren.

Kräutereistee*

Ergibt 2 Liter

4 Zweige Pfefferminze
3 Zweige Zitronenmelisse
30 Goldmelissenblüten
1 Zweig Estragon
15 Blätter Parakresse
1 Zweig Thymian
2 l Wasser
Zucker nach Belieben
3 Esslöffel Zitronensaft

Die frischen Kräuter in eine vorgewärmte Teekanne geben, mit dem kochenden Wasser übergießen und zugedeckt 5 Minuten ziehen lassen. Den Tee abseihen, nach Belieben mit Zucker süßen und den Zitronensaft dazugeben. Auskühlen und im Kühlschrank 2–3 Stunden erkalten lassen. In hohen Gläsern mit Eiswürfeln und Trinkhalmen servieren.

Kalter Gewürztee mit Honig*

Ergibt 2½ Liter

2 l Wasser
10 Nelken
15 schwarze Pfefferkörner; zerdrückt
3 Esslöffel Schwarztee
2 Zweige Pfefferminze
150 g Honig
3 Esslöffel Zitronensaft
300 ml frisch gepresster Orangensaft

Das Wasser mit den Nelken und den Pfefferkörnern zum Kochen bringen. Den Topf vom Herd nehmen, den Tee und die Pfefferminze hinzufügen und kurz umrühren. Zudecken und 5 Minuten ziehen lassen. Durch ein Sieb abgießen, nach Geschmack mit Honig süßen und abkühlen lassen. Mit dem Zitronen- und Orangensaft vermischen und 2–3 Stunden in den Kühlschrank stellen. Den Tee in hohen Gläsern mit Eiswürfeln und Trinkhalmen servieren.

Kräuterteelikör

Ergibt 1 Liter

3 Beutel Schwarztee
1 Sträußchen Minze
1 Hand voll Lindenblüten
3 junge Brombeerblätter
1 Zitrone, Schale dünn abgeschält
1 Orange, Schale dünn abgeschält
1 Zweig Zitronenthymian
1 Zweig Estragon
100 ml heißes Wasser
80 g Zucker
1 l Obstbranntwein (41 Vol.-%)

Alle Zutaten bis zum heißen Wasser in ein Glas geben. Mit dem heißen Wasser übergießen und erkalten lassen. Die Schwarzteebeutel herausnehmen. Zucker und Obstbranntwein dazugeben, gut aufrühren und etwa 8 Tage verschlossen kühl aufbewahren. Abseihen, in Flaschen abfüllen und 3 Monate ruhen lassen.

Kalter Teepunsch

Ergibt 2 Liter

900 ml heißer Ceylontee
300 ml heißer Grüntee
¾ l kohlensäurehaltiges Mineralwasser
1 Zitrone, Schale dünn abgeschält
Zucker nach Belieben
4 Borretschblätter
Crushed Ice
150 ml Grand Marnier
Borretschblüten

Die beiden Tees durch ein Sieb in ein Punschgefäß gießen. Mineralwasser, Zitronenschale und Zucker verrühren. Den Borretsch mit dem Eis vermischen. Beide Gemische zum Tee geben. Das Gefäß auf Eis stellen und den Grand Marnier dazugießen. Eiskalt in vorgekühlten Punschgläsern servieren. Mit einer Borretschblüte garnieren.

Chrüter-Oskis Eistee*

Wasser
zu gleichen Teilen:
Pfefferminze
Lindenblüten
Zitronenmelisse
Hagebutten
Schwarztee
Holunderblütensirup
pro Liter Tee Saft von 2 Zitronen

Das Wasser zum Kochen bringen. Die Teekräuter dazugeben und etwa 10 Minuten ziehen lassen, abseihen und abkühlen lassen. Den Teesud nach Bedarf mit Holunderblütensirup süßen und den Zitronensaft daruntermischen. 2–3 Stunden in den Kühlschrank stellen.

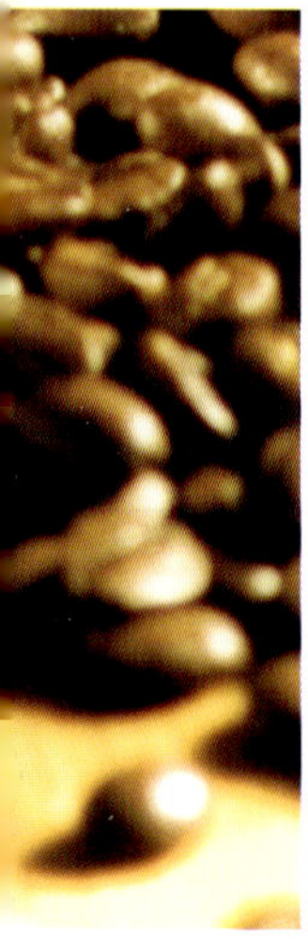

Orangenkaffee

Ergibt 600 Milliliter

½ l kräftiger Espresso
Zucker nach Belieben
5 cl Grand Marnier
1 Orange, fein abgeriebene Schale
geschlagener Rahm

Den Kaffee nach Geschmack süßen, erkalten lassen und den Grand Marnier beifügen. In vorgekühlte Mokkaschalen verteilen. Die Orangenschale darübergeben und eine Haube geschlagenen Rahm daraufsetzen.

Wiener Kaffee*

Ergibt 900 Milliliter

125 g Zartbitterschokolade
8 Esslöffel Rahm
Zucker
¾ l kräftiger heißer Kaffee
gemahlener Zimt, Kakaopulver oder abgeriebene Orangenschale

Die Schokolade fein zerbröckeln und in einer Schüssel über einem heißen Wasserbad schmelzen. 4 Esslöffel Rahm und nach Wunsch 1–3 Esslöffel Zucker beigeben. Den Kaffee in kleinen Mengen dazugießen; dabei die Mischung schlagen, bis sie schaumig ist. Das Getränk je nachdem, ob warm oder kalt serviert, bei schwacher Hitze heiß halten oder auf Eis kalt rühren. Den restlichen Rahm schlagen. Den Kaffee zum Servieren mit einer Rahmhaube bedecken und diese mit etwas Zimt, Kakaopulver oder Orangenschale bestreuen.

Kalter Katzenkaffee*

Für 4 Kinder

5–6 Esslöffel lösliches koffeinfreies Kaffeepulver
100 g dunkle Schokolade, zerkleinert
1 l Wasser
3–4 Esslöffel Zucker
100 ml Rahm, geschlagen
etwas Zimtpulver

Kaffeepulver, Schokolade und Zucker in einen Krug geben und mit dem kochenden Wasser übergießen. So lange rühren, bis sich die Schokolade aufgelöst hat. Anschließend das Getränk 2–3 Stunden in den Kühlschrank stellen. In Kaffeegläser verteilen, eine Mütze geschlagenen Rahm aufsetzen, mit Zimtpulver bestreuen und mit Trinkhalmen servieren.

Kaffee-Schokolade*

Ergibt 1¼ Liter

½ l heißer schwarzer Kaffee
½ l heiße Schokolade (Trinkschokolade)
200 ml geschlagener Rahm, mit Vanillezucker aromatisiert
½ Orange, Schale fein abgerieben

In jede Tasse die gleiche Menge Kaffee und Schokolade gießen. Eine Haube Rahm aufsetzen und mit Orangenschale bestreuen.

Tipp:
Kann auch kalt in Kaffeegläsern mit einem Trinkhalm serviert werden.

Gewürztes Kaffeefrappé*

Ergibt 900 Milliliter

1 Zimtstange
4 Nelken
4 Pimentkörner
600 ml heißer starker Kaffee
150 ml Rahm
3 Kugeln Vanilleeis
Zucker, nach Belieben

Die Gewürze in einen Krug geben. Den Kaffee dazugießen. Zugedeckt 1½ Stunden in den Kühlschrank stellen. Anschließend durch ein Sieb in das Mixerglas passieren. Rahm, Vanilleeis und eventuell Zucker nach Geschmack hinzufügen. Zu einem glatten und schaumigen Frappé aufmixen. In vorgekühlte Gläser füllen und mit Trinkhalmen sofort servieren, da der Schaum nach kurzer Zeit zusammenfällt.

Spanische oder Russische Schokolade*

Ergibt 600 Milliliter

½ l Milch
80 g Zartbitterschokolade, in kleine Stücke gebrochen oder gerieben
1 Messerspitze Zimtpulver
2 Eier

Milch, Schokolade und Zimt bei niedriger Temperatur erhitzen, bis die Schokolade geschmolzen ist. Die Eier hinzufügen und die Flüssigkeit bei mässiger Hitze schlagen, bis sie dick wird. Nun das Getränk auf Eiswasser weiter schlagen, bis es abgekühlt ist. Kalt und schaumig servieren.

Für Russische Schokolade beim Kaltschlagen 5 cl Wodka beigeben.

Kräftige Kräuter, die den Gaumen kitzeln, sind auch ausgezeichnete Duft- und Geschmacksspender für Getränke. Zwei kaum bekannte Kräuter verwende ich besonders gerne, weil sie an Köstlichkeit und Kraft kaum zu überbieten sind: Estragontagetes und Parakresse (mehr dazu im Glossar).

Estragontagetes-Sirup, -Limonade und -Mischgetränke*

Ergibt 4 Liter

3 l Wasser
2 kg Zucker
5 Zitronenscheiben
6–8 Stengel Estragontagetes (ca. 15–20 cm lang) mit Blättern und evtl. Blüten
60 g Zitronensäure
Natriumbenzoat

Zucker und Wasser aufkochen, fast ganz erkalten lassen, Estragontagetes, Zitronenscheiben und Zitronensäure daruntermischen und 5–6 Tage an einem kühlen Ort zugedeckt stehen lassen. Den Sirup abseihen, das Natriumbenzoat anrühren und beigeben. In Flaschen abfüllen, verkorken und nochmals an einem kühlen Ort ruhen lassen. Nach einer Woche ist der Sirup trinkreif.
Für **Limonade** den Sirup mit Mineral- oder Quellwasser aufgießen. Für **Estragontagetes-Milch** etwa 1 cm hoch Sirup in ein Glas geben, mit kalter Milch auffüllen und aufrühren oder im Mixer kurz aufmixen.
Zur **Mischung mit Fruchtsäften** etwa 1 cm hoch Sirup in ein Glas geben, mit naturreinem Apfelsaft

Estragontagetes

Parakresse

oder frisch gepresstem Orangensaft aufgießen und aufrühren.

Estragontagetes-Melonengetränk mit Parakresse*

Für 2 Personen

150 g vollreifes Melonenmark
100 ml Estragontagetes-Sirup
150 ml Mineralwasser
sehr wenig gezupfte Parakresseblüten

Das Melonenmark mit dem Sirup im Mixer fein pürieren. Das Mineralwasser dazugeben, kurz aufmixen und alles in vorgekühlte Gläser gießen. Zurückhaltend mit Parakresseblüten bestreuen und mit Trinkhalmen servieren.

Tipp:
Wer es mit etwas »Geist« bevorzugt, nimmt anstelle von Mineralwasser Weißwein und zusätzlich 5 cl weißen Portwein.

Fins Goûts

Für 2 Personen

5 cl Estragontagetes-Sirup
5 cl Rosenwasser
2½ cl Himbeergeist
2 Esslöffel Crushed Ice
2 Basilikumblätter
Champagner zum Aufspritzen
2 Rosenblätter, in je einem Eiswürfel eingefroren

Sirup, Rosenwasser, Himbeergeist und Crushed Ice in den Shaker geben und gut schütteln. In der

Zwischenzeit in zwei Champagnerkelche je ein Basilikumblatt legen und kühl stellen. Vor dem Anrichten das Basilikumblatt entfernen, die Flüssigkeit durch das Barsieb in die Schalen gießen und mit Champagner aufspritzen. Die Rosenblüten-Eiswürfel dazugeben.

Kräutersirupe*

Aus Zitronenmelisse, Goldmelisse, Pfefferminze, koreanischer Minze, Lavendel oder Ananassalbei

Ergibt 4 Liter

3 l Wasser
2 kg Zucker
1 kleines Büschel Zitronenmelisse
oder 1 Litermass Goldmelissenblüten
oder 1 kleines Büschel Pfefferminze
oder 1 Hand voll Blätter koreanische Minze
4 Zitronenscheiben
60 g Zitronensäure
Natriumbenzoat

Für Lavendelsirup:
12 blühende Rispen Lavendel

Für Ananassalbeisirup:
6–8 Rispen Ananassalbei (bis zum dritten oder vierten Blatt von der Spitze)

Zucker und Wasser aufkochen, bis sich der Zucker aufgelöst hat, die Kräuter (sie können auch gemischt sein) mit dem heißen Zuckerwasser überbrühen und auskühlen lassen. Zitronenscheiben und Zitronensäure dazugeben und gut aufrühren. 5–6 Tage zugedeckt an einem kühlen Ort stehen lassen. Den Sirup abseihen, das Natriumbenzoat anrühren und beigeben. Den Sirup in Flaschen abfüllen, verkorken und an einem kühlen Ort ruhen lassen. Nach 1 Woche ist der Sirup trinkreif.

Für Lavendelsirup und Ananassalbeisirup die Kräuter mit dem kalten Zuckersirup ansetzen, sonst geht zu viel Geschmack verloren und der Lavendel bekommt einen unangenehmen seifigen Beigeschmack.

Tipps:
Den Sirup mit Mineral- oder Quellwasser verdünnen oder mit Champagner oder Weißwein aufspritzen. Weitere Rezepte und Ableitungen finden Sie bei den Rezepten zum Holunderblütensirup.

Kräuter-Karamell-Sirup

Gleiche Zubereitung wie bei den Kräutersirupen. Statt 2 kg Zucker aber 2,4 kg Zucker nehmen und 1,4 kg davon in einer Pfanne leicht karamellisieren lassen, dann mit 3,2 l Wasser ablöschen, danach den restlichen Zucker beigeben und aufkochen, bis sich alles aufgelöst hat.

Melonen-Orangen-Saft*

Ergibt 1¾ Liter

900 ml Wasser
125 g Zucker
1 Orange, abgeriebene Schale
450 g Melonenfruchtfleisch ohne Kerne
300 ml Orangensaft
150 ml Zitronensaft

Das Wasser mit dem Zucker und der Orangenschale bei niedriger Temperatur erhitzen, bis der Zucker aufgelöst ist, dann abkühlen lassen. Das Melonenfruchtfleisch mit Orangen- und Zitronensaft im

Mixer fein pürieren. Die Zutaten gut verrühren und den Saft gut gekühlt servieren.

Melonenkerngetränk*

Ergibt 1 Liter

200 g Melonenkerne
125 g Zucker
2 Teelöffel gemahlener Zimt
800 ml Wasser
200 ml Orangensaft; frisch gepresst
Eiswürfel

Die Melonenkerne gründlich waschen und fein hacken. Melonenkerne, Zucker und Zimt zum Wasser geben und verrühren, bis der Zucker aufgelöst ist. Etwa 3 Stunden im Kühlschrank durchziehen lassen, gelegentlich umrühren. Durch ein feinmaschiges Sieb abgießen. Den Orangensaft dazugeben und mit Eiswürfeln kalt servieren.

Tipp:
Das Getränk kann auch mit Honig gesüßt werden.

Melonen-Himbeer-Milch

Für 2 Personen

150 g Melonenmark
50 g Himbeeren
1 Esslöffel Honig
200 ml Milch
1 Esslöffel Crushed Ice

Melonenmark, Himbeeren, Honig und Milch zusammen mit dem Crushed Ice im Mixer fein mixen. In Trinkbechern mit Trinkhalmen servieren.

Karotten-Melonen-Flip*

Für 3 Personen

¼ l frisch gepresster Karottensaft
250 g Melonenmark
1 Becher Joghurt nature
1 Ei
2 Teelöffel Zucker
1 Zitrone; Saft
2 Esslöffel Crushed Ice
Pfefferminzblätter

Alle Zutaten bis auf die Pfefferminzblätter im Mixer gut durchmixen. In Gläser anrichten und mit einem Pfefferminzblatt dekorieren.

Fata Morgana

Für 2 Personen

200 g Honigmelonenmark
100 ml Portwein
5 cl Wodka
2 Teelöffel Puderzucker
2 Esslöffel Crushed Ice
8 Himbeeren, je 4 auf ein Cocktailspießchen gesteckt
2 Pfefferminzherzblättchen

Alle Zutaten bis und mit Crushed Ice im Mixer gut durchmixen. In vorgekühlte Sektgläser geben, die Himbeerspießchen darauflegen und mit Pfefferminzblättchen ausgarnieren.

Melonenbowle

Für 8 Personen

1 Honig- oder Zuckermelone, entkernt und in Würfel geschnitten
100 ml Cognac
1 Orange, Schale dünn abgeschält
2 Zitronen, Saft
120 g Zucker oder Honig
2 Flaschen trockener Weißwein
100 ml Portwein
1 Flasche Champagner oder Sekt
1 Zweiglein Pfefferminze

Alle Zutaten bis und mit Portwein in ein Bowlengefäß geben, aufrühren, bis sich der Zucker oder Honig aufgelöst hat. Im Kühlschrank rund 3 Stunden zugedeckt ziehen lassen. Vor dem Servieren den Champagner oder Sekt beigeben und mit einem Zweiglein Pfefferminze dekorieren.

Melonenkaltschale mit Noilly Prat

Für 4 Personen

400 g Melonenmark
150 g Puderzucker
8 cl Noilly Prat
200 ml trockener Weißwein
400 ml Wasser
2 Zitronen, Saft
30 g abgekochte Tapioka
4 Blättchen Parakresse, in feine Streifen geschnitten, oder etwas schwarzer Pfeffer aus der Mühle

Alle Zutaten bis und mit Zitronensaft im Mixer fein mixen. 2–3 Stunden im Kühlschrank kalt stellen. In große vorgekühlte Suppentassen anrichten, mit Tapioka und Parakressestreifen bzw. mit etwas schwarzem Pfeffer bestreuen.

Tipps:
Kann anstelle einer Suppe serviert werden oder auch als erfrischende Zwischenverpflegung an einem heißen Nachmittag in Gläsern gereicht werden.

Aprikosen-, Nektarinen- oder Pfirsichsirup*

Ergibt 2½ Liter

2½ kg vollreife weiche Aprikosen, Nektarinen oder Pfirsiche, entsteint
1–1,3 l Wasser
ca. 1½ kg Zucker

Die Früchte in einen weiten Topf geben, 1 Liter Wasser dazugeben, aufkochen und bei mittlerer Hitze etwa 50 Minuten kochen lassen (evtl. etwas länger und falls nötig noch etwas Wasser nachgeben). In ein Tuch geben und den Saft ohne Druck ablaufen lassen. Den Saft abmessen und pro Liter 600 g Zucker hinzufügen. Aufkochen und fünf Minuten köcheln lassen. Sofort in gründlich heiß ausgespülte Flaschen abfüllen und verschließen. Ungeöffnet mindestens 1 Jahr haltbar.

Tipps:
Eine besondere Note erhält Aprikosensirup durch Mitkochen von 1 Zweiglein Estragon, Estragontagetes oder Pfefferminze; Nektarinen- oder Pfirsichsirup beim Aufkochen der Früchte 2–3 Blätter Basilikum oder 6 Blätter Zitronenmelisse beigeben.
Den Sirup mit Mineralwasser oder Quellwasser aufgießen oder für Milch-Mixgetränke verwenden. Ausgezeichnet mit etwas Weißwein und Mineralwasser oder mit Champagner oder Sekt aufgespritzt.
Das zurückbleibende Fruchtmark kann mit Obstessig vermengt werden, etwa 10 Tage ziehen lassen, dann

sorgfältig abseihen. Ergibt einen herrlichen Trinkessig oder einen Fruchtessig zum Zubereiten von Kopfsalat oder Eisbergsalat.

Aprikosen-Pfefferminz-Kaltschale*

Als Aperitif oder anstelle einer Suppe

Für 4 Personen

300 g vollreife Aprikosen, entsteint, geachtelt
150 g Zucker
600 ml Milch
1 Sträußchen Pfefferminze
1 Zitrone, Saft
Pfefferminzblättchen zum Dekorieren
4 Kapuzinerkresseblüten

Die Aprikosen mit dem Zucker aufkochen. Milch und Pfefferminzsträußchen dazugeben und nochmals gut aufkochen. Das Pfefferminzsträußchen entfernen. Die Aprikosen samt Flüssigkeit im Mixer gründlich pürieren und anschließend durch ein Sieb streichen. Gut auskühlen lassen. Falls nötig etwas Wasser zum Verdünnen und den Zitronensaft beigeben, gut verrühren und in vorgekühlte Tassen geben. Mit Pfefferminzblatt und Kapuzinerkresseblüten ausgarnieren.

Tipp:
Anstelle von Aprikosen Pfirsiche verwenden.

Aprikosenwein

Ergibt 9 Liter

- 7 kg reife, feste Aprikosen, entsteint, 12 Kerne beiseite gelegt
- ¼ l Zitronensaft
- 8 l kochendes Wasser
- 4 Teelöffel Weinhefe, in etwas lauwarmem Wasser angerührt
- 2 Vanilleschoten, der Länge nach halbiert
- 3 kg Zucker

Die Aprikosen in Stücke schneiden und mit den Kernen in einen großen Steinguttopf geben. Mit einem Holzstampfer zerdrücken, bis sie Saft abgeben. Zitronensaft und das kochende Wasser dazugießen. Gut durchrühren und die Maische stehen lassen, bis sie nur noch lauwarm ist. Dann Hefe, Vanilleschoten und 1 kg Zucker hinzufügen. Zugedeckt 2 Wochen an einen warmen Platz stellen, dabei die Maische jeden Tag gut durchrühren.
Ein Sieb mit einem Nesseltuch auslegen und über eine passende Schüssel hängen. Die Maische in das Sieb gießen und den Saft in die Schüssel ablaufen lassen. Den restlichen Zucker in den Aprikosensaft geben und umrühren, bis sich der Zucker völlig aufgelöst hat. Die Flüssigkeit bis zum Hals in einen Glasballon füllen, einen Gärverschluss aufsetzen und nochmals an einem warmen Platz 6 Wochen stehen lassen. Den Wein in einen sauberen Glasballon abziehen und für 4–5 Monate an einen kühlen Ort stellen, bis der Wein nicht mehr gärt und klar ist. In Flaschen abfüllen und in einem kühlen, dunklen Keller nochmals 8–12 Monate lagern.

Tipp:
Der Wein passt ausgezeichnet zu Blauschimmelkäse und Desserts.

Aprikosenfruchtlikör

Ergibt 2 Liter

- 600 g vollreife Aprikosen, entkernt
- 400 g Zucker
- 2 l Obstbranntwein (41 Vol.-%)
- 1 Zimtstange
- 6 Aprikosenkerne, zerquetscht
- etwas rosarote Lebensmittelfarbe

Die Aprikosen zerkleinern und in einen passenden Topf geben. Den Zucker darüberstreuen, gut vermischen und etwa 1 Stunde ziehen lassen. Dann den Obstbranntwein, Zimtstange und die Aprikosenkerne dazugeben. Gut vermischen und zugedeckt an einem kühlen Ort etwa 8 Tage stehen lassen. Durch ein Tuch abseihen, leicht einfärben und in Flaschen abfüllen.

Tipps:
Wenn Sie den Likör mit Aprikosenbranntwein ansetzen, verstärkt sich die Geschmackswirkung. Sie können beim Abfüllen auch in jede Flasche eine getrocknete Aprikose ohne Stein legen.

Holiday

Pro Glas

Aprikosensirup
15 ml Noilly Prat
Champagner
1 Aprikosenachtel

Ein hohes Champagnerglas zu einem Viertel mit Aprikosensirup füllen. Den Noilly Prat dazugeben und mit Champagner auffüllen. Ein Aprikosenachtel auf den Glasrand stecken oder in den Drink geben.

Milchpunsch

Ergibt 5 Liter

350 g Zucker
2 Zitronen, Saft und abgeriebene Schale
2 l Milch, mit 1 halbierter Vanilleschote aufgekocht
2 l Arrak
1 l Wasser

Alle Zutaten mischen und in einem Gefäß über Nacht stehen lassen. Am folgenden Morgen die klare Flüssigkeit abgießen, den Bodensatz durch mehrere Lagen Passiertuch filtrieren und die Flüssigkeit in Flaschen füllen. Der Punsch wird kalt getrunken. Der Zuckerzusatz kann nach Geschmack erhöht werden.

Tipp:
Im Sommer eiskalt mit einem Blättchen Pfefferminze pro Glas servieren.

Biervariationen

Pro Person

Für **Bière à la Menthe** 100 ml kräftigen kalten Pfefferminztee mit 150 ml Bier aufspritzen. (Der Tee kann nach Belieben gesüßt sein.)

Für **Tea Beer** den Saft von ½ Zitrone zu 100 ml kaltem starkem gesüßtem Schwarztee geben und mit 150 ml Bier aufspritzen.

Für **Flower-Bier** 5 cl Holunderblüten-, Lindenblüten-, Rosen-, Estragontagetes- oder Tannenschösslingsirup mit 200 ml Bier aufspritzen.

Für **Limonadenbier** 5–8 cl Himbeer-, Erdbeer-, Johannisbeer-, Brombeer-, Heidelbeer- oder Grenadinesirup auf 200 ml Bier geben und genießen.

Bier, der Durstlöscher für heiße Sommertage, lässt sich herrlich mit verschiedenen Aromen kombinieren. Übrigens: Alkoholfreies Bier löscht den Durst ebenso gut.

Klassische Biervariationen

Auch als Apéro

Churchill: Helles Bier mit einem Schuss Campari.

Amer Georges: Dunkles Bier mit einem Schuss Amer Picon (bittersüßes Aperitifgetränk).

After Work: Rose’s Lime Cordial (Limettensirup) mit hellem Bier aufgespritzt.

Golfer Bier: Helles Bier mit einem Schuss Pefferminzlikör.

Bier Grenadine: Grenadinesirup mit hellem Bier aufgespritzt.

Muntermacher: Helles Bier mit Coca-Cola gemischt.

Cincinnati-Bier: ½ helles Bier mit ½ Ginger-Ale aufgefüllt.

Bier Grand Marnier Mimosa: 2 cl Grand Marnier mit 2 cl Orangensaft und 200 ml hellem Bier aufgespritzt.

Half and half: In ein großes Champagnerglas ⅔ helles Bier und ⅓ roten Portwein geben.

Moscow Mile: In einen eleganten Bierkelch den Saft von ½ Zitrone und 2 cl Wodka geben und mit hellem Bier auffüllen.

Panaché: Halb Bier, halb Zitronenlimonade gemischt.

Getreide-Fit-Water*

Ein ausgezeichnetes Getränk »zum Abnehmen«, das dazu noch gut schmeckt.

Ergibt 1½ Liter

60 g Gerste
1½ l Wasser
2 Zitronen, Saft
3 Orangen, Saft
200 ml frisch gepresster Himbeer- oder Obstsaft

Die Gerste mit dem Wasser aufkochen und etwa ½ Stunde bei mittlerer Hitze köcheln lassen. Abseihen, auskühlen lassen und die übrigen Zutaten daruntermischen. Kalt und jeden Tag frisch zubereitet schmeckt das Getränk leicht malzig erfrischend und ist nebenbei ein ideales Sommergetränk (ohne Zusatz von Zucker genießen!).

Tipp:
Anstelle von Himbeer- oder Obstsaft können Sie auch Früchteschalen-, Hagebutten-, Lindenblüten- oder Pfefferminzteebeutel einzeln oder gemischt am Schluss der Kochzeit des Getreides beigeben.

Gerstengraupen-Wein

Ergibt 4½ Liter

500 g zerstoßene Gerstengraupen
500 g gewaschene, getrocknete Kartoffeln, in Würfel geschnitten
1½ kg Zucker
500 g Rosinen, grob gehackt
3 Orangen, Schale fein abgeschält
4½ l kochendes Wasser
2 Teelöffel Weinhefe

Alle Zutaten bis und mit Orangenschalen in einen großen Topf oder eine Schüssel geben. Das kochende Wasser dazugießen und umrühren, bis der Zucker aufgelöst ist. Die Flüssigkeit auskühlen lassen. Die Hefe mit etwas Flüssigkeit anrühren und hinzufügen. Die Mischung in ein 4½ Liter fassendes Gefäß mit weiter Öffnung gießen. Die restliche Flüssigkeit – etwa 1¼ Liter – in eine Flasche füllen (damit wird der Wein während des Gärens und der Lagerung aufgefüllt) und beides zum Gären in einen mässig warmen Raum stellen. Nach kurzer Zeit bildet sich Schaum; um diesen zu verdrängen, das Gärgefäß ständig auffüllen. Sobald kein Schaum mehr aufsteigt, die Flüssigkeit aus Gefäß und Flasche durch ein feines Tuch in einen 4½ Liter fassenden Glasballon mit normalem Flaschenhals füllen. Einen Gärverschluss aufsetzen und die Flüssigkeit nochmals durchgären lassen. Sobald keine Gasbläschen mehr aufsteigen, den Wein sehr behutsam in einen anderen Glasballon abziehen und verkorken. Den Wein 6 Monate an einem kühlen Ort lagern, bis er ganz klar ist. Den klaren Wein in Flaschen abfüllen, verkorken und die Korken zusätzlich mit Draht befestigen. Die Flaschen liegend aufbewahren.

Tipp:
Wenn Sie die Gerstengraupen im heißen Backofen (180 Grad) leicht rösten, bekommt der Wein einen sehr angenehmen Röst-Malz-Geschmack.

Getreidelikör

Ergibt 700 Milliliter

60 g geröstete Haferflocken
40 g Roggen
40 g Gerste
1 Teelöffel Kümmel
100 g Kandiszucker
700 ml Wodka

Alle Zutaten in eine Glasflasche geben und verschließen. An einem nicht zu warmen Ort lagern und während 3 Wochen jeden Tag einmal gut durchschütteln. Abseihen, in Flaschen abfüllen und verkorken. 3 Monate im Keller ruhen lassen.

Gurkenbowle

Für 6–8 Personen

1 schöne ganze Salatgurke
1 Flasche trockener Weißwein
4 Esslöffel Zucker
2 Flaschen trockener Weißwein
200 ml trockener Sherry
1 Flasche Champagner

Die Gurke schälen, in feine Scheiben schneiden und in eine Porzellanschüssel geben. Die erste Flasche Weißwein darübergießen und das Ganze gut zugedeckt 20 Minuten ziehen lassen. Danach den Wein in eine Bowlenschüssel abgießen (die Gurken bleiben zurück), den Zucker dazugeben und so lange rühren, bis er ganz aufgelöst ist. Die weiteren 2 Flaschen Weißwein und den Sherry hinzufügen. Dann 2 Stunden im Kühlschrank erkalten lassen und vor dem Servieren den Champagner dazugießen.

Rote Gurkenbowle

Ergibt 1½ Liter

1 Salatgurke, ungeschält in dünne Scheiben geschnitten
1½ l leichter Rotwein
1 kleine Zimtstange
½ Vanilleschote, der Länge nach halbiert
3 Nelken
5 cl Maraschino

Die Gurkenscheiben in ein Bowlengefäß geben und mit 350 ml Wein übergießen. Die Gewürze in ein Mulltüchlein binden und das Gewürzsäckchen in das Gefäß geben. Etwa 1 Stunde an einem kühlen Ort ziehen lassen. Das Gewürzsäckchen herausnehmen, den restlichen Wein und den Maraschino hinzufügen. Die Gurkenbowle gekühlt servieren.

Sangria

Für dieses ausgezeichnete Getränk können fast alle Arten von Früchten verwendet werden. Wichtig ist, dass man die Früchte einige Zeit ziehen lässt, so wird das Getränk noch aromatischer. Bananen allerdings erst 30 Minuten vorher schälen und in Scheiben schneiden, sonst werden sie weich und braun.

Ergibt 1½ Liter

2 Flaschen Rotwein
3 Zitronen, 2 ausgepresst, 1 in dünne Schnitze geschnitten
1 Orange, in dünne Schnitze geschnitten
2 Pfirsiche, gehäutet, in Würfel geschnitten
4 Aprikosen, entkernt, in feine Schnitze geschnitten
1 Apfel, geschält, in Würfel geschnitten
1 Birne, geschält, in Würfel geschnitten
1 Banane, in Scheiben geschnitten
4–5 Esslöffel Zucker
100 ml Cognac oder Weinbrand
20–24 Eiswürfel
½ Zimtstange

Den Wein in einen etwa 2½ l fassenden Glaskrug gießen. Den Zitronensaft und alle klein geschnittenen Früchte dazugeben. Den Zucker und den Cognac hinzufügen und umrühren. Das Getränk 2–3 Stunden im Kühlschrank ziehen lassen. 30 Minuten vor dem Servieren die Eiswürfel und die halbe Zimtstange beigeben. Nach Belieben eventuell noch etwas Zucker nachgeben.

Tipp:
Sangria kann auch am folgenden Tag noch serviert werden. Die Früchte können zusammen mit dem Wein oder danach in einem Glas mit einem Löffel serviert werden.

Zauberpunsch*

Ergibt 2½ Liter

1 l weißer Traubensaft
300 ml Orangensaft
300 ml kalter Pfefferminztee
500 g Zucker
4 geschälte Pfirsiche oder Nektarinen, in Würfel geschnitten
1 Zitrone, in Scheiben geschnitten
4 weiße Pflaumen, in feine Schnitze geschnitten
6 Rispen Johannisbeeren, abgerebelt
Eiswürfel
1 l Mineralwasser

Traubensaft, Orangensaft, Pfefferminztee und Zucker in ein Punsch- oder Bowlengefäß geben und alles gut verrühren, bis sich der Zucker vollständig aufgelöst hat. Pfirsiche, Zitrone, Pflaumen und Johannisbeeren beigeben und 1–2 Stunden im Kühlschrank ziehen lassen. Vor dem Servieren Eiswürfel und Mineralwasser dazugeben und in Punschgläsern servieren.

Maiswasser oder Chicha

Dieses Getränk stammt aus den tropischen Regionen Zentralamerikas, wo man es in den Chicha-Bars genießt.

Ergibt 3 Liter

130 g getrocknete Maiskörner
130 g Gerste
3,8 l Wasser
1 Zimtstange
500 g frische Ananas, grob gehackt
300 ml Orangensaft
2 Zitronen, Saft
1 kg Zucker
500 g Crushed Ice

Die Hälfte der Maiskörner und der Gerste im Backofen bei 180 Grad leicht rösten. Dann mit den restlichen Getreidekörnern 2 Tage in 1 l Wasser quellen lassen. Die Flüssigkeit abgießen. Das Getreide im Cutter pürieren, mit dem restlichen Wasser, Zimt, Ananasfruchtfleisch, Orangen- und Zitronensaft sowie Zucker gut vermischen. In ein Tongefäss füllen und 2 Tage stehen lassen. Dann das Getränk durch ein Sieb gießen und mit zerstoßenem Eis servieren.

Angelikabitter

Ergibt 2 Liter

3 Zitronen, Schale fein abgeschält
10 g Angelikawurzel
10 g Lorbeerblätter
2 g Zimtstange, zerkleinert
1 g Veilchenwurzel
1 g Macis
300 g Zucker
2 l Arrak

Alle Zutaten miteinander vermischen und gut verrühren, bis der Zucker aufgelöst ist. 5 Tage in einem geschlossenen Gefäß an mäßiger Wärme stehen lassen und täglich einmal gut aufrühren. Durch ein Passiertuch seihen, in Flaschen abfüllen und verkorken.

Tipp:
Hilft bei Appetitlosigkeit.

Polenwasser

Ergibt 1¼ Liter

10 g Korinthen, zerkleinert
5 g Süßholz
3 g Anis
3 g Zimt
3 g Nelken
3 g Fenchel
3 g Pfefferminze
3 g Rosmarin
3 g Majoran
2 g Galgant
1 l Wodka
150 g Zucker
100 ml Rosenwasser
einige Spritzer rote Lebensmittelfarbe

Alle Zutaten bis und mit Zucker in einem passenden Topf gut vermischen und zugedeckt 10 Tage ziehen lassen, dabei täglich einmal gut aufrühren. Filtrieren, mit Rosenwasser und Lebensmittelfarbe einfärben und vermischen. In Flaschen abfüllen, verkorken und 1 Monat ruhen lassen.

Non plus ultra

Ergibt 1 Liter

3 g Anis
3 Zitronen, Schale fein abgerieben
7 g Koriander
einige Tropfen Lavendelöl
3 g Melisse
3 g geriebene Muskatnuss
1 Vanilleschote, der Länge nach halbiert
1 l Williamsschnaps
120 g Zucker

Zum Parfümieren:
2 Spritzer Rosenwasser
2 Spritzer Jasminblütenwasser
3 Spritzer Orangenblütenwasser

Alle Zutaten bis und mit Zucker in ein passendes Gefäß geben und 6–7 Tage ziehen lassen, dabei jeden Tag einmal gut aufrühren. Filtrieren und mit den verschiedenen Wassern parfümieren. In Flaschen abziehen und verschließen.

Zitronenwasser*

Für 2 Personen

½ l Wasser
80 g Zucker
1 Zitrone, Schale fein abgeschält
3 Zitronen, Saft
2–4 Esslöffel Crushed Ice

Wasser und Zucker aufkochen. Die Zitronenschale beifügen und auskühlen lassen. Vor dem Servieren den Zitronensaft beigeben. In zwei Trinkgläser je

1–2 Esslöffel Crushed Ice geben und mit dem gekühlten Zitronenwasser auffüllen.

Tipp:
Für eine **Zitronen-Wein-Schorle** pro Person 100 ml Riesling unter das Zitronenwasser mischen.

Zitronenkräutertee*

Ergibt 1 Liter

1 Sträußchen Pfefferminze
1 Sträußchen Zitronenmelisse
3–4 Zweige Zitronenthymian
Zucker oder Honig nach Bedarf
1 l Wasser
1 Zitrone, Schale fein abgeschält
3 Zitronen, Saft

Die gemischten Kräuter mit dem Zucker oder Honig in eine Teekanne geben und mit heißem Wasser aufgießen. Zitronenschale und -saft beigeben und 5 Minuten ziehen lassen. Aufrühren, abseihen und erkalten lassen. 2–3 Stunden in den Kühlschrank stellen. Vor dem Servieren ein paar Eiswürfel dazugeben.

Zitronenlikör

Ergibt 1¼ Liter

6 unbehandelte Sommerzitronen
½ l reiner Alkohol (96 Vol.-%)
500 g Zucker

Die Zitronen heiß waschen, trocknen und die Schale ganz dünn abschälen. Die Schalen mit dem Alkohol mischen und zugedeckt 3 Wochen im dunklen, kühlen Keller ziehen lassen. Dann ½ l Wasser mit dem Zucker aufkochen, abkühlen lassen. Den Alkohol durch ein Sieb zum Sirup gießen und gut verrühren. In Flaschen abfüllen und 3 Monate ruhen lassen. Den Zitronenlikör eiskalt servieren.

Tipp:
Zitronenwasser oder Zitronenkräutertee, leicht mit Zitronenlikör aromatisiert, schmeckt ausgezeichnet.

Zitronen – der Muntermacher. Je höher das Thermometer klettert, desto willkommener ist jede Erfrischung. Zitronen und Zitronenkräuter mit säuerlichem Aroma beleben Körper und Geist und heben die Stimmung.

Zitronengrasdrink*

Pro Person

2–3 Stengel Zitronengras
½ Limette, Saft
200 ml Zuckersirup (siehe Glossar)
2 Esslöffel Crushed Ice

Das Zitronengras waschen, hartes Grün abschneiden. Das Helle in etwa 10 cm lange Stücke schneiden und in ein Glas stellen. Limettensaft und Zuckersirup dazugießen, das Zitronengras mit einem Holzstößel etwas zerquetschen, mit Crushed Ice auffüllen und mit dem Zitronengrasstengel aufrühren.

Tipp:
Für eine **Zitronengras-Caipirinha** den Zitronengrasdrink mit einem Spritzer Cachaça (Zuckerrohrschnaps) parfümieren.

Zitronengraslikör

Ergibt 1¼ Liter

6 Zitronen, Schale fein abgeschält
6–8 Blätter Zitronengras
1 haselnussgroßes Stück Ingwerwurzel, in Scheibchen geschnitten
200 g Zucker
100 ml Wasser
1 l Obstbranntwein
ein paar Tropfen gelbe Lebensmittelfarbe
kleine Zitronenscheiben und Zitronengrashalme

Zitronenschale, Zitronengras und Ingwerwurzel in ein passendes Gefäß geben. Zucker und Wasser aufkochen, abkühlen lassen und mit dem Obstbranntwein vermischen. Etwa 10 Tage ziehen lassen. Filtrieren und leicht gelb einfärben. Mit je einer Zitronenscheibe und einem Zitronengrashalm in Flaschen füllen, verschließen und rund 4 Wochen ruhen lassen.

August

Das Geburtstagsgetränk des Löwen
23. Juli bis 23. August

Der Löwe ist ein großherziger Mensch, wenn auch mit einem Hang zu Hochmut und Herrschsüchtigkeit. Seine starke Persönlichkeit und sein Ehrgeiz verschaffen ihm in Beruf und Gesellschaft oft Führungsrollen. Man hört auf ihn und folgt gern seinen Ratschlägen. Oberflächlichkeit, Halbherzigkeit oder gar Schlamperei zählen nicht zu seinen Merkmalen. In der Partnerschaft schätzt der Löwe Toleranz, Achtung und Nachgiebigkeit. Löwen lieben eine prächtig gedeckte Tafel sowie auserlesene Speisen und Getränke. Ein echtes »Löwenmahl« ist eine regelrechte Galadarbietung, ein Augen- und Gaumenschmaus, den man sich nicht entgehen lassen sollte.

Löwentrunk

Für 2 Personen

150 ml Pfirsichsaft
ca. 5 cl Rosenwasser
Champagner extra brut
2–4 Himbeeren
Kapuzinerkresseblüten

Ein Champagnerglas zu einem Viertel mit Pfirsichsaft füllen. Einen Schuss Rosenwasser dazugeben. Mit Champagner auffüllen und keinesfalls rühren. Ein oder zwei Himbeeren in den Drink geben. Mit Kapuzinerkresseblüten ausgarnieren.

Kindergeburtstagsbowle*

Für 8–10 Personen, ergibt 4 Liter

500 g gewürfelte Honig-, Netz- und Wassermelone
4 Zitronen, Saft
1 Zuckerhut von 250 g (im Delikatessengeschäft erhältlich)
½ l Himbeersirup
2 l Mineralwasser
1 l Apfelsaft

In ein passendes Bowlengefäß die gewürfelten Melonen und den Zitronensaft geben. Ein Kuchengitter über das Bowlengefäß setzen und den Zuckerhut darauflegen. Den Zuckerhut mit Himbeersirup übergießen, bis der Zucker in das Bowlengefäß abgetropft ist. Mit Mineralwasser und Apfelsaft aufgießen und kalt, am besten mit Kaffeelöffel und Trinkhalm, servieren.

Tipp:
Falls Sie keinen Zuckerhut bekommen, können Sie auch Zucker mit Himbeersirup verrühren, bis sich der Zucker aufgelöst hat, dann zu den Melonen geben und nach Rezept fertigstellen.

Beeren-Orangen-Bowle*

Für 8–10 Personen, ergibt 4 Liter

1½ l frisch gepresster Orangensaft
6 Zitronen, Saft
400 g frische Beeren (Himbeeren, Heidelbeeren, Brombeeren, einzeln oder gemischt)
2 l Ginger-Ale
15 Eiswürfel
3–4 Orangen

Orangensaft und Zitronensaft in ein Bowlengefäß geben. Die Beeren beifügen und alles im Kühlschrank etwa 2 Stunden ziehen lassen. Vor dem Servieren Ginger-Ale und Eiswürfel beigeben. Je 1 Orangenscheibe an die Gläser stecken.

Sommerzeit – Zeit der Einladungen im Freien: Gartenparty, Kindergeburtstag, Picknick am Waldrand. Lassen Sie alte Traditionen wie zu Großmutters Zeiten wieder aufleben!

Pfirsich-Melba-Bowle*

Ergibt 3½ Liter

1 kg vollreife Pfirsiche, halbiert, entsteint
3 Zitronen, Saft
300 ml Himbeersirup
200 g Zucker
1 Vanilleschote, der Länge nach halbiert
300 g Pfirsiche, in Würfel geschnitten
2 l Mineralwasser
10 Eiswürfel

Die vollreifen Pfirsiche mit Zitronensaft, Himbeersirup und Zucker im Mixer fein pürieren. Das Vanillemark mit dem Messerrücken aus der Schote kratzen und beigeben. Alles in eine Bowlenschüssel gießen, die Pfirsichwürfel daruntermischen und mit Mineralwasser auffüllen. Eiswürfel dazugeben und kalt servieren.

Tipp:
Für die alkoholhaltige Variante dieser Bowle nehmen Sie 2 Flaschen Weißwein und 1 Flasche Champagner anstelle des Mineralwassers.

Fruchtiger Teepunsch*

Für 6–8 Personen, ergibt 2½ Liter

1 l kalter Pfefferminz-Lindenblüten-Tee
6 Orangen, Saft
2 Zitronen, Saft
300 ml Himbeersirup
150 g Zucker
10 Eiswürfel
1 l Mineralwasser
1 Sträußchen Pfefferminze

In einer Schüssel den Tee mit Orangen- und Zitronensaft mischen. Himbeersirup und Zucker beigeben und gut verrühren, bis sich der Zucker aufgelöst hat. Eiswürfel und Mineralwasser dazugeben. In einem Glaskrug mit gezupften Minzblättchen bestreut servieren.

Milch-Mixgetränke sind an heißen Sommertagen eine gesunde Erfrischung und zugleich ein köstliches nahrhaftes Getränk, das schnell zubereitet ist und viel Abwechslung bietet.

Beeren-Schokoladen-Milch*

Pro Person

100 ml kalte Milch
1 Esslöffel Schokoladenpulver
1 Esslöffel Himbeer-, Brombeer-, Cassis-, Heidelbeer- oder Erdbeersirup
1 Esslöffel Crushed Ice
100 ml Mineralwasser

Alle Zutaten außer dem Mineralwasser in den Mixer geben und gut schaumig aufmixen. Mit Mineralwasser auffüllen und in einem hohen Trinkglas mit Trinkhalm servieren.

Tipps:
Anstelle von Sirup können auch frische Beeren verwendet werden (ca. 80 g Beeren und 1 Esslöffel Zucker). Ausgezeichnet schmeckt auch ein halbe Banane anstelle von Beeren bzw. Beerensirup.

Heidelbeer-Soda*

Pro Person

100 ml kalte Milch
2 Esslöffel Joghurt nature
80 g frische Heidelbeeren oder 2 Esslöffel Heidelbeersirup
1 Esslöffel Crushed Ice
100 ml Sodawasser oder Mineralwasser

Milch, Joghurt und Heidelbeeren mit dem Crushed Ice im Mixer gut pürieren, mit Soda- oder Mineralwasser auffüllen. In einem hohen Trinkglas mit Trinkhalm servieren.

Tipps:
Lässt sich beliebig variieren: mit Himbeeren, Erdbeeren, Kirschen, Zwetschgen, Melonen usw. Schmeckt aber auch sehr gut mit Birnen oder Äpfeln hergestellt.

Apple Long Milk*

Pro Person

100 ml kalte Milch
½ Apfel, geschält, entkernt und in kleine Schnitze geschnitten
1 Kugel Vanilleeis
100 ml Mineralwasser
1 Messerspitze Zimtpulver

Die Milch mit den Apfelschnitzen im Mixer fein pürieren. Die Kugel Vanilleeis in ein hohes Glas geben, mit der Apfelmilch auffüllen, mit dem Mineralwasser aufspritzen und mit Zimtpulver bestreuen. Mit Trinkhalm servieren.

Tipps:
Kann auch mit Erdbeeren, Himbeeren, Kirschen, Pflaumen oder Zwetschgen hergestellt und statt mit Zimtpulver mit Schokoladenpulver bestreut werden.

Sommernachtstraum

Für 2 Personen

100 ml kalte Milch
2 Esslöffel Rahm
1 Kugel Vanilleeis
5 cl Portwein
1 Schnitz Honigmelone
2 Esslöffel Crushed Ice
2 Pfefferminzblätter

Alle Zutaten im Mixer gut aufmixen und in einem vorgekühlten Glas servieren. Mit einem Pfefferminzblatt dekorieren.

Tipp:
Statt Honigmelone ca. 50 g frische Heidelbeeren, Himbeeren oder Brombeeren oder auch andere Früchte nehmen. Lassen Sie Ihre Fantasie spielen!

Wodka-Kaffee-Milch

Für 2 Personen

½ Teelöffel löslicher Pulverkaffee
1 Teelöffel Zucker
1 Messerspitze Zimt
1 Teelöffel Vanillezucker
200 ml kalte Milch
5 cl Kaffeerahm
6 cl Wodka
2 Esslöffel Crushed Ice
dünn abgeschälte Zitronenschale als Garnitur

Alle Zutaten bis und mit Crushed Ice in den Shaker geben und gut schütteln. In zwei Gläser verteilen und mit der Zitronenschale garnieren.

Orangenmilch mit Grand Marnier

Für 2 Personen

200 ml kalte Milch
200 ml frisch gepresster Orangensaft
5 cl Grand Marnier
1 Esslöffel Zucker
2 Esslöffel Crushed Ice
2 Orangenscheiben
2 Cocktailkirschen

Alle Zutaten bis und mit Crushed Ice in den Shaker geben und gut schütteln. In vorgekühlte Gläser füllen und mit Orangenscheibe und Cocktailkirschen garnieren.

Aprikosenmilch mit Aprikosenlikör

Für 2 Personen

200 ml kalte Milch
2 Kaffeelöffel Honig
6 vollreife Aprikosen, entsteint
5 cl Aprikosenlikör
2 Esslöffel Crushed Ice
2 Pfefferminzblätter

Alle Zutaten bis und mit Crushed Ice in den Mixer geben und fein pürieren. In Gläser füllen, mit den Pfefferminzblättern garnieren und mit Trinkhalm servieren.

Himbeermilch mit Himbeerschnaps

Für 2 Personen

5 Esslöffel vollreife Himbeeren
200 ml kalte Milch
2 Esslöffel Sauerrahm oder Joghurt
1 Esslöffel Zucker
5 cl Himbeerschnaps oder Himbeerlikör
2 Esslöffel Crushed Ice
2 Blätter Zitronenmelisse

Alle Zutaten bis und mit Crushed Ice in den Mixer geben und fein pürieren. In Gläser füllen, mit der Zitronenmelisse garnieren und mit Trinkhalm servieren.

Gurken-Flip*

Pro Person

100 g Salatgurke
150 ml kalte Milch
2 Esslöffel Joghurt oder Sauerrahm
1 Blatt Zitronenmelisse oder Pfefferminze, fein gehackt
½ Teelöffel süßer Senf
Salz
Parakresse, in feine Streifen geschnitten,
oder schwarzer Pfeffer
1 Dillsträußchen oder Borretschblüten

Das Gurkenstück schälen, längs halbieren und entkernen. Mit Milch, Joghurt, Zitronenmelisse oder Pfefferminze sowie Senf fein mixen. Mit Salz und etwas Parakresse oder schwarzem Pfeffer würzen. Mit Dill oder Borretschblüten garniert in einem Glas oder in einer Tasse servieren.

Frischer italienischer Tomatensaft*

Ergibt ¾ Liter

800 g reife weiche Tomaten, geschält und gehackt
Salz, frisch gemahlener Pfeffer
1 Zitrone, Saft
2 Esslöffel gehackte Petersilie mit Basilikum

Die Tomaten durch ein Sieb streichen. Den Saft mit etwas Salz und Pfeffer würzen, verrühren, den Zitronensaft und die gehackten Kräuter daruntermischen. Den Tomatensaft 1½ Stunden in den Kühlschrank stellen.

Tomaten-Flip

Pro Person

150 ml kalte Milch
2 Esslöffel Sauerrahm
2 Tomaten, gehäutet, entkernt, grob gewürfelt
3 cl roter Vermouth
Salz, schwarzer Pfeffer aus der Mühle
1 Basilikumblatt, in feine Streifen geschnitten

Milch, Sauerrahm, Tomaten und Vermouth im Mixer fein pürieren, mit Salz und Pfeffer würzen. In hohen Gläsern anrichten und mit Basilikumstreifen bestreuen.

Pikante Milchdrinks sind eine interessante Alternative zur Suppe.

Tomaten-Pfirsich-Saft mit Parakresse*

Für 4 Personen

300 ml frischer Tomatensaft (siehe oben, ohne Salz, Pfeffer und Kräuter zubereitet)
½ l frischer Pfirsichsaft
2 Parakresseblüten

Tomaten- und Pfirsichsaft mischen und 1½ Stunden in den Kühlschrank stellen. Kalt in vorgekühlte Gläser füllen und mit den gezupften Parakresseblüten oder schwarzem Pfeffer aus der Mühle bestreuen.

Karottendrink*

Pro Person

100 ml kalte Milch
100 ml Karottensaft
1 Esslöffel Honig
1 Kerbelblatt

Alle Zutaten außer dem Kerbelblatt gut mixen. In ein Glas geben und mit dem Kerbelblatt garnieren.

Milk Mary

Pro Person

100 ml kalte Milch
100 ml Tomatensaft
3 cl Wodka
2 Esslöffel Joghurt nature
1 Teelöffel Zitronensaft
1–2 Spritzer Tabasco
4 Spritzer Worcestershiresauce
Salz und Pfeffer aus der Mühle oder Parakresse

Alle Zutaten gut mixen, würzen und sofort servieren.

Curry Milk*

Pro Person

150 ml kalte Milch
3 Esslöffel Joghurt nature
2 Apfelviertel, geschält und entkernt
1–2 Messerspitzen Currypulver
1 Esslöffel Crushed Ice
wenig Salz
1 Apfelscheibe

Alle Zutaten bis auf die Apfelscheibe im Mixer pürieren, würzen und in einem hohen Glas anrichten. Eine Apfelscheibe auf den Glasrand stecken und servieren.

Duftkräuterdrink*

Pro Person

200 ml kalte Milch
2 Esslöffel Rahm
½ Esslöffel fein gehackte Kräuter (Estragon, Pfefferminze und Kerbel)
2 Esslöffel Orangensaft
1 Teelöffel Zitronensaft
wenig Salz und Pfeffer

Alle Zutaten mixen, würzen und sofort servieren.

Tipps:
Auch andere Kräutermischungen sind zu empfehlen, z. B. Schnittlauch, Dill, Petersilie und Estragon oder Liebstöckl, Schnittlauch und Petersilie oder Basilikum, Estragontagetes und Parakresse. Kreieren Sie Ihren eigenen Kräuterdrink!

Fenchel-Flip

Pro Person

150 ml kalte Milch
3 Esslöffel Joghurt nature
⅛ Fenchelknolle, in feine Scheiben geschnitten
2 Apfelviertel, geschält und entkernt
2 cl Pernod (Anisschnaps)
1 Esslöffel Crushed Ice
Fenchelkraut

Alle Zutaten bis und mit Crushed Ice im Mixer fein pürieren. In ein vorgekühltes Glas gießen und mit Fenchelkraut garnieren.

Ratatouille-Flip*

Pro Person

100 ml kalte Milch
3 Esslöffel Sauerrahm
100 ml Tomatenjus
1 kleines Stück Peperoni (Paprikaschote)
1 kleines Stück Zucchetti, in Würfel geschnitten
1 Messerspitze Knoblauchsalz
1–2 Tropfen Tabasco
Salz
1 Basilikumblatt

Alle Zutaten bis und mit Zucchetti im Mixer fein pürieren. Mit Knoblauchsalz, Tabasco und etwas Salz würzen, nochmals aufmixen. Mit einem Basilikumblatt garniert servieren.

Cocktails erinnern an Reisen in exotische Länder und zaubern Ferienstimmung in den Alltag. Sie lassen sich mit farbigen Quirlen, Spiessen mit Früchten, Gewürzen, Blumen und Kräutern fantasievoll dekorieren. Hier stellvertretend nur zwei (Rezepte für die klassischen Cocktails sind in zahlreichen Barmixbüchern zu finden).

Bloodhound-Cocktail

Für 2 Personen

6 frische Erdbeeren
100 ml Gin
100 ml Noilly Prat (trockener Wermut)
100 ml roter italienischer Vermouth
1 Esslöffel Crushed Ice
2 Erdbeeren

Alle Zutaten bis und mit Crushed Ice im Shaker kurz und kräftig schütteln. Die Flüssigkeit in zwei Cocktailgläser abseihen und je eine Erdbeere beifügen.

»Trunkenheit ist nicht besser als Nüchternheit, aber sie macht einen glücklicher.«
George Bernard Shaw

Amore perfetto

Für 2 Personen

1 Esslöffel Crushed Ice
1 Eigelb
1 Teelöffel Zucker
100 ml Crème de Menthe
wenig Pfeffer aus der Mühle oder 2 Blätter Parakresse, fein gehackt
Champagner
Pfefferminzblätter

Alle Zutaten bis und mit Pfeffer im Shaker gut durchschütteln. In Champagnerkelche gießen und mit Champagner auffüllen. Mit einem Pfefferminzblatt garnieren.

Salbei stand einst in so hohem Ansehen, dass ein altrömischer Dichter schreiben konnte: »Wie kann der Mensch noch sterben, solange Salbei in seinem Garten wächst!«

Salbeiwein

Ergibt 1 Liter

40 g Salbeiblätter
40 g Salbeiblüten
1 l trockener Weißwein

Die Salbeiblätter und -blüten 8 Tage im Wein einlegen. Dann die Flüssigkeit durchseihen und in Flaschen abfüllen.

Tipp:
Besonders zu empfehlen als Aperitif, da er den Appetit fördert.

Ivawein

Schafgarbenwein, eine Spezialität aus dem Bündnerland

Ergibt 1 Liter

150 g Schafgarbenblüten
1 l trockener Weißwein
150 g Bienenhonig

Alle Zutaten in einem Einmachglas mischen und etwa 8 Tage lang verschlossen aufbewahren. Anschließend abseihen, in Flaschen abfüllen und diese gut verkorken.

Tipp:
Besonders zu empfehlen bei Appetitlosigkeit sowie bei Nieren-, Blasen- und Gallensteinen.

Schafgarbentee*

Am Nachmittag gesammelte Schafgarbenblüten auf Pergamentpapier an einem kühlen, luftigen Ort trocknen. In gut verschlossenen Dosen aufbewahren. 1–2 Teelöffel Schafgarbenblüten in eine Tasse geben, mit heißem Wasser überbrühen und 2–3 Minuten ziehen lassen. Abgießen und mit Honig süßen.

Übrigens:
Pfarrer Künzle empfiehlt die Schafgarbe fast als Universalheilkraut, sie soll die Eingeweide, die Schleimhäute und die Gebärmutter stärken, Krämpfe und zu starken Blutfluss lindern, bei Magenbeschwerden und Magenkrämpfen ebenso wie bei Lungenleiden, Rheumatismus und Hämorrhoiden helfen. Gurgeln mit der Abkochung von Schafgarbe heilt Zahnweh.

Schafgarbenlikör

Ivalikör

Ergibt 1½ Liter

1 1-Liter-Glas frisch gesammelte Schafgarbenblüten
1½ l Obstbranntwein (41 Vol.-%)
3–4 Esslöffel Honig

Die Schafgarbenblüten in ein Einmachglas füllen, mit dem Obstbranntwein übergießen und fest verschlossen 8 Tage an die Sonne stellen. Dann die Flüssigkeit abfiltern und mit Honig süßen. Nach dem Rezept von Pfarrer Künzle nimmt man morgens nüchtern und abends je 1 Esslöffel voll davon verdünnt mit 3 Esslöffel Wasser ein.

Löwenzahnwurzellikör

Ergibt 3½ Liter

500 g Löwenzahnwurzeln
2½ l Wasser
900 g Zucker
100 g dunkles ungesüßtes Schokoladenpulver
200 ml Cognac
1 l reiner Alkohol (96 Vol.-%)

Die Löwenzahnwurzeln gründlich waschen und säubern. In etwa 1½ cm lange Stücke schneiden und im Backofen bei 70–80 Grad etwa 3 Stunden trocknen lassen. Dann die Temperatur auf 220 Grad erhöhen und die Wurzelstücke kaffeebraun rösten. Abkühlen lassen und in einer Kaffeemühle oder im Cutter mahlen.
Wasser und Zucker aufkochen. Die gemahlenen Löwenzahnwurzeln und das Schokoladenpulver einrühren. Erkalten lassen, dann Cognac und Alkohol beimischen und 8 Tage stehen lassen. Danach durch einen Kaffeefilter seihen und in Flaschen abfüllen. Kühl 4–6 Monate ruhen lassen.

Tipp:
Löwenzahnwurzeln werden im August gestochen.

Paprikalikör

Ergibt 1 Liter

300 g Paprikaschoten (Peperoni)
2 Zitronen, Schale dünn abgeschält
1 Zimtstange
½ Esslöffel Anissamen
130 g Zucker
1 l Obstbranntwein
einige Tropfen Lebensmittelfarbe (rot, grün oder gelb)

Die Paprikaschoten entkernen und in grobe Stücke schneiden, dann 6–12 Kerne wieder dazugeben. Mit den übrigen Zutaten bis auf die Lebensmittelfarbe in ein passendes Glas geben und verschlossen etwa 10 Tage an die Sonne stellen; jeden Tag einmal durchschütteln. Die Flüssigkeit abseihen und nach Belieben rot, grün oder gelb einfärben oder die Menge dritteln und jeweils mit einer anderen Farbe einfärben. In Flaschen füllen und verschließen.

Tipp:
Paprikalikör schmeckt angenehm mild. Durch Beigabe von etwas mehr Kernen erhält er mehr Schärfe.

**»Man sagt, Alkohol sei ein schleichendes Gift.
Na und?
Wer hat's denn eilig!?«
Robert Benchley**

September

Das Geburtstagsgetränk der Jungfrau
24. August bis 23. September

Jungfrau-Geborene sind vernünftig, sie besitzen Wirkungskraft und Ordnungssinn. Sind diese Eigenschaften allerdings zu stark ausgeprägt, können sie für ihre Umgebung auch anstrengend und nervenaufreibend sein. Oft distanziert und verschlossen, zeigt die Jungfrau ihre Zuwendung erst, wenn sie sich ihrer Gefühle sicher ist. In Geldangelegenheiten ist sie sparsam und umsichtig, kann aber auch sehr großzügig sein. Jungfraugeborene essen und trinken mit Vernunft, lieben aber auch mal das Außergewöhnliche. Sind Sie bei einer Jungfrau zu Gast, dann sparen Sie nicht mit Dank und Komplimenten – das lieben und brauchen sie.

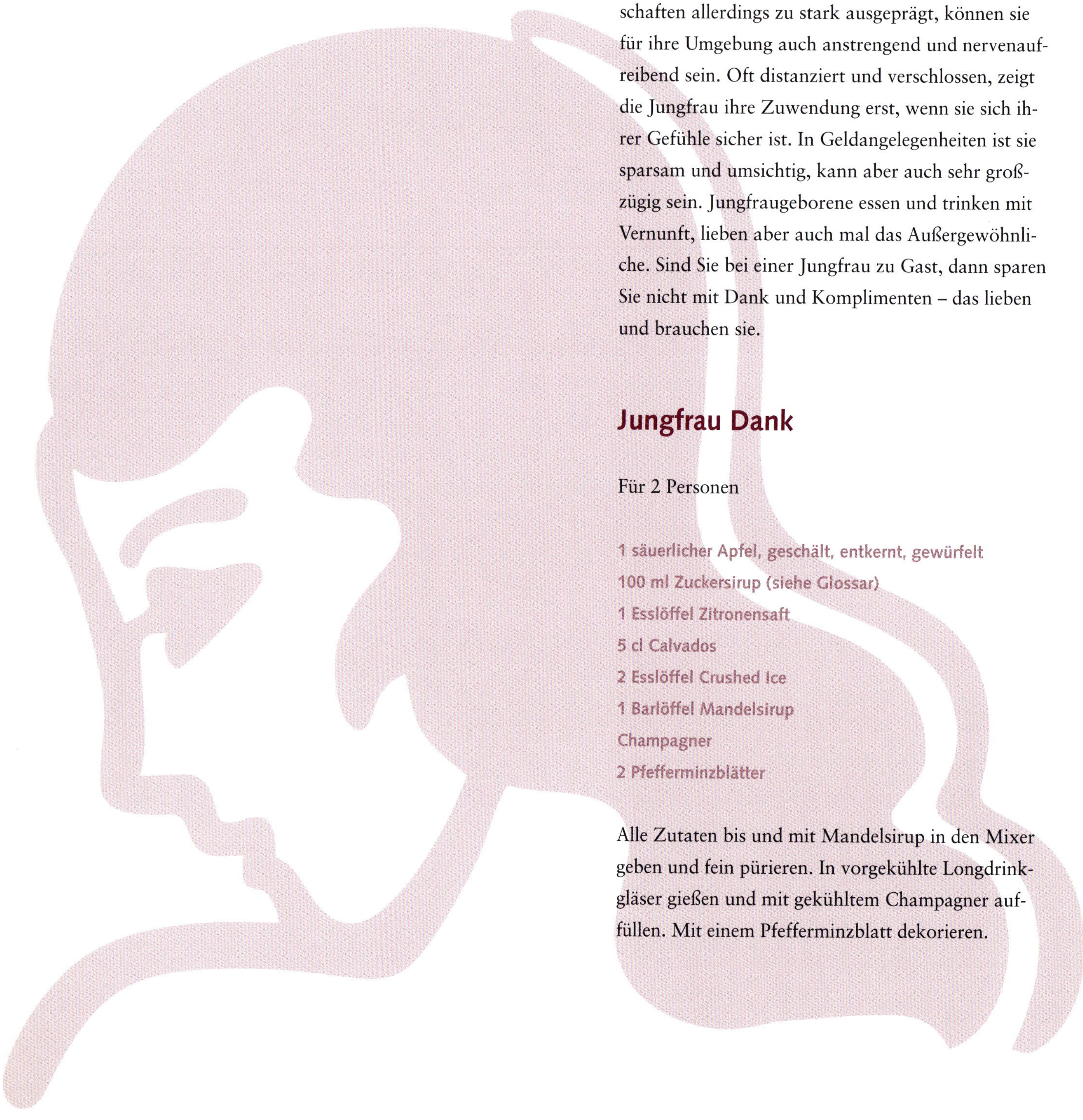

Jungfrau Dank

Für 2 Personen

1 säuerlicher Apfel, geschält, entkernt, gewürfelt
100 ml Zuckersirup (siehe Glossar)
1 Esslöffel Zitronensaft
5 cl Calvados
2 Esslöffel Crushed Ice
1 Barlöffel Mandelsirup
Champagner
2 Pfefferminzblätter

Alle Zutaten bis und mit Mandelsirup in den Mixer geben und fein pürieren. In vorgekühlte Longdrinkgläser gießen und mit gekühltem Champagner auffüllen. Mit einem Pfefferminzblatt dekorieren.

Ernten, ohne zu säen. Die Natur bietet dem Kenner eine Fülle von Gaben, aus denen sich schmackhafte Genüsse und besondere, ganz persönliche Geschenke herstellen lassen.
Bei der Hagebutte handelt es sich eigentlich um Scheinfrüchte verschiedener Rosengewächse. Ich verarbeite am liebsten jene der Kartoffelrose, da sie mehr Fruchtfleisch besitzen und daher ausgiebiger sind.

Hagebuttensirup*

Ergibt 3 Liter

4 kg vollreife Hagebutten, gewaschen, Stiel und Blütenansatz entfernt
5 Zitronen, Saft
2½ l Wasser
1½ kg Zucker

Die Hagebutten in grobe Scheiben scheiden oder hacken. Zusammen mit Zitronensaft und Wasser aufkochen und 40 Minuten zugedeckt auf kleinem Feuer ziehen lassen. Dann durch ein gebrühtes Tuch gießen und etwa 8 Stunden stehen lassen. Den aufgefangenen Saft mit dem Zucker vermischen, kurz aufkochen, heiß in ausgespülte Flaschen abfüllen und verschließen.

Tipps:
Hagebuttensirup in Tee mischen, mit Mineral- oder Sodawasser oder – ganz edel – mit Wein oder Champagner aufspritzen. Mit Vanilleeis und Milch entsteht daraus ein feines Frappé.

Übrigens:
Wenn Sie die (Schein-)Früchte der Kartoffelrose verwenden, wird der Sirup kräftiger, da mehr Fruchtfleisch vorhanden ist.

Hagebutten-Tomaten-Sirup mit Basilikum*

Pro Person

150 ml frischer Tomatensaft
5 cl Hagebuttensirup
1 Häubchen Rahm
1 Basilikumblatt

Tomatensaft und Hagebuttensirup mischen, in ein hohes Glas gießen, ein Rahmhäubchen daraufsetzen und ein Basilikumblatt hineinstecken.

Hagebuttenwein

Ergibt 5 Liter

3 kg vollreife Hagebutten (am besten von der Kartoffelrose)
100 g Rosinen
4 l Wasser
1,8 kg Zucker

Die Hagebutten von Stiel und Blütenansatz befreien, waschen und in grobe Scheiben schneiden. Mit den Rosinen in eine große Korbflasche mit weiter Öffnung füllen. Wasser und Zucker aufkochen, erkalten lassen und über die Hagebutten gießen. Die Öffnung der Flasche mit einem Gazetüchlein abdecken und bei einer Temperatur von 16 bis 18 Grad 4 Monate gären lassen.
Das Südwein-ähnliche Getränk anschließend durch ein gebrühtes Tuch seihen, wieder zurück in die gereinigte Korbflasche geben, verkorken und weitere 2–4 Wochen reifen lassen. Dann sorgfältig in Flaschen abfüllen und diese gut verkorken. 2–3 Monate in einem kühlen, dunklen Keller liegend lagern.

Tipp:
Schmeckt ausgezeichnet zu Blauschimmelkäse oder auch zu Desserts.

Hagebuttentee*

Die gesammelten Hagebutten von Stiel und Blütenansatz befreien, der Länge nach halbieren und entkernen. Im Dörrgerät oder auf einem Blech im Backofen bei leichter Wärme (60–80 Grad) trocknen. In gut verschlossenen Dosen aufbewahren.
Pro Tasse 2 Teelöffel getrocknete Hagebutten geben, mit kochend heißem Wasser übergießen und 5–6 Minuten ziehen lassen. Nach Wunsch mit Zucker oder Honig süßen.

Tipp:
Hagebuttentee mit einem Schuss Rotwein oder Portwein schmeckt ausgezeichnet.

Hagebuttenbowle

Ergibt 3 Liter

1 l Hagebuttenwein (ersatzweise ½ l kräftiger Rotwein, dann aber 1 l Hagebuttensirup)
½ l Hagebuttensirup
200 ml Portwein
1 Flasche Weißwein
2 Zitronen, dünn abgeschnittene Schale
1 Flasche Champagner oder Sekt

Hagebuttenwein, -sirup, Portwein, Weißwein und Zitronenschalen in ein Bowlengefäß geben und etwa 2 Stunden an einem kühlen Ort ziehen lassen. Vor dem Servieren mit Champagner oder Sekt aufgießen.

Hagebuttenlikör

Ergibt 1 Liter

600 g vollreife Hagebutten
200 g weißer Kandiszucker
1 l Kirsch
120 g ungespritzte duftende rote Rosenblütenblätter

Die Hagebutten von Stiel und Blütenansatz befreien, waschen, gut trocknen und mitsamt den Kernen in kleine Stücke schneiden. In ein 2-Liter-Glas geben. Zucker und Kirsch gut verrühren, bis sich der Zucker aufgelöst hat, mit den Rosenblütenblättern zu den Hagebutten ins Glas geben, verschließen, gut durchschütteln und 4 Wochen an einen kühlen Ort stellen.
Den fertigen Likör durch ein Filterpapier abgießen, in Flaschen abfüllen und verkorken. Kühl aufbewahren.

Pflaumensirup*

Ergibt 8 Liter

750 g entkernte getrocknete Pflaumen
2,5 kg Zucker
6 l Wasser
2 Kaffeelöffel Zitronensäure, in 4 Esslöffel Wasser aufgelöst

Die getrockneten Pflaumen mit Wasser bedeckt in einer Schüssel 8 Stunden stehen lassen. Dann abgießen, abtropfen lassen, im Cutter fein pürieren und durch ein Sieb streichen. Zucker und Wasser aufkochen, erkalten lassen und unter das Pflaumenpüree rühren. Die aufgelöste Zitronensäure dazugeben. Den Sirup unter gelegentlichem Umrühren erkalten

lassen. Den Pflaumensirup in Flaschen abgefüllt kühl lagern; er ist nur beschränkt haltbar.

Tipps:

Um den Sirup länger haltbar zu machen, ihn aufkochen, heiß in Flaschen abfüllen und sofort verschließen.

Pflaumensirup in ein Trinkglas geben, 1 Kugel Vanilleeis und zuletzt eine Haube geschlagenen Rahm daraufsetzen.

Auf die gleiche Weise können Sie einen Aprikosensirup herstellen.

Pflaumenwein

Ergibt 9 Liter

7 kg reife, feste Pflaumen, entsteint, 12 Steine beiseite legen
¼ l Zitronensaft
8 l kochendes Wasser
4 Kaffeelöffel Weinhefe, in etwas lauwarmem Wasser angerührt
2 Zimtstangen
3 kg Zucker

Die Pflaumen in Stücke schneiden und mit den beiseite gelegten Steinen in einen großen Steinguttopf geben. Mit einem Holzstampfer zerdrücken, bis sie Saft abgeben. Den Zitronensaft und das kochende Wasser dazugießen. Gut durchrühren und die Maische stehen lassen, bis sie nur noch lauwarm ist, dann die aufgelöste Weinhefe, die Zimtstangen und 1 kg Zucker hinzufügen. Das Gefäß zudecken und 2 Wochen an einen warmen Platz stellen, jeden Tag die Maische gut durchrühren.

Ein mit einem Nesseltuch ausgelegtes Sieb über eine passende Schüssel setzen. Die Maische in das Sieb gießen und den Saft in die Schüssel ablaufen lassen. Den restlichen Zucker zum Pflaumensaft geben und rühren, bis sich der Zucker vollständig aufgelöst hat. Die Flüssigkeit in einen Glasballon füllen, einen Gärverschluss aufsetzen und an einem warmen Platz weitere 6 Wochen stehen lassen.
Dann den Wein in einen sauberen Glasballon abziehen und 4–5 Monate an einen kühlen Ort stellen, bis er nicht mehr gärt und klar ist. In Flaschen abgefüllt den Wein vor dem Genuss kühl und dunkel (Keller) mindestens 1 Jahr lagern.

Tipp:
Passt ausgezeichnet zu Käse.

Pflaumenlikör

Ergibt 3 Liter

1 kg vollreife Pflaumen
2 l Wodka (45 Vol.-%)
1 kg Zucker
1 Zimtstange

Die Pflaumen halbieren und entsteinen. In ein Gefäß mit weiter Öffnung geben und 4 Pflaumenkerne beifügen. Den Wodka dazugießen. Das Gefäß gut verschließen und für 4–6 Wochen an einen dunklen, kühlen Ort stellen.
Den Wodka abgießen und beiseite stellen.
Den Zucker und die Zimtstange zu den Pflaumen geben und gut vermischen. Der Zucker entzieht den Pflaumen den Alkohol. Die Mischung 2 Wochen stehen lassen. Dann den Sirup abgießen und durch ein mit einem Tuch ausgelegtes Sieb zum Wodka gießen. In Flaschen füllen, gut verschließen und 6 Monate lagern.

Die zur Familie der Hartriegelgewächse gehörende Kornelkirsche findet man als Zierstrauch im Garten, in lichten Laubmischwäldern und im Gebüsch an Bächen und Flüssen. Die länglich-eiförmigen kirschroten bis dunkelroten 2 cm langen Steinfrüchte reifen im September und haben einen süßlich-säuerlichen Geschmack. Sie sind vollreif roh essbar, lassen sich aber auch zu Getränken, Konfitüre, Eis und Cremen verarbeiten.

Kornelkirschensirup*

Ergibt 2½ Liter

2 kg vollreife Kornelkirschen
1,2 kg Zucker
1 Vanilleschote, der Länge nach halbiert

Die gewaschenen Kornelkirschen in einen Steinguttopf füllen und mit einem Holzstößel zerstampfen. Die Früchte mit so viel kochendem Wasser übergießen, dass alle Früchte bedeckt sind. Mit einem Teller beschweren und über Nacht zugedeckt stehen lassen.
Am nächsten Tag die Hälfte der Flüssigkeit aufkochen und wieder zu den Früchten gießen. Diese Prozedur am übernächsten Tag wiederholen. Nun den gewonnenen Saft abgießen, mit Zucker und Vanilleschote aufkochen, in heiß ausgespülte Flaschen abfüllen und verschließen.

Tipp:
Den Sirup mit Mineralwasser oder Quellwasser oder aber mit Weißwein oder Champagner aufspritzen.

Kornelkirschenfrappé*

Pro Glas

100 ml Kornelkirschensirup
100 ml Milch
1 Kugel Vanilleeis

Alle Zutaten kurz im Mixer pürieren, in ein Glas füllen und mit Trinkhalm servieren.

Kornelkirschen-Schokoladen-Sirup*

Ergibt 1 Liter

200 g Zartbitterschokolade, in kleine Stücke gebrochen
40 g Zucker
¼ Teelöffel Salz
600 ml Kornelkirschensirup

Die Schokolade mit Zucker und Salz in einer Schüssel über dem Wasserbad schmelzen. Den Kornelkirschensirup aufkochen, nach und nach dazugießen und die Mischung unter ständigem Rühren nun direkt auf der Herdplatte bei niedriger Temperatur 5 Minuten erhitzen. Den Topf über das heiße Wasserbad stellen und den Sirup bei schwacher Hitze 10 Minuten köcheln lassen. Dann mit dem Handrührgerät kräftig schlagen, bis der Sirup dick ist. In ein heiß ausgespültes Gefäß mit gut schließendem Deckel füllen und im Kühlschrank aufbewahren. Er hält einige Monate.

Tipps:
Mit Milch oder Mineralwasser aufgießen.
Anstelle von Kornelkirschensirup Himbeersirup verwenden. Ebenfalls eine Köstlichkeit!

Kornelkirschenbowle

Ergibt 2¾ Liter

½ l Kornelkirschensirup
100 ml Grand Marnier
300 ml frisch gepresster Orangensaft
100 ml Portwein
1 Orange, Schale fein abgerieben
1 Flasche Champagner oder Sekt

Alle Zutaten bis und mit Orangenschale in eine Bowlenschüssel geben, gut vermischen und etwa 2 Stunden im Kühlschrank ziehen lassen. Vor dem Servieren den Champagner dazugießen, vorsichtig umrühren und in Bowlengläser verteilen.

Kornelkirschenlikör

Ergibt 1¼ Liter

400 g vollreife Kornelkirschen
180 g Rohzucker
1 Zimtstange
1 Vanilleschote
1 l Kirsch

Die vollreifen Kornelkirschen durch ein Sieb streichen, so dass die Kerne zurückbleiben. Das Püree mit dem Zucker verrühren. Gewürze und Kirsch beifügen, alles in ein 1½-Liter-Glas geben und verschließen. 3 Wochen an die Sonne stellen und zwischendurch immer wieder gut durchrühren. Danach durch ein feines Tuch seihen, in Flaschen abfüllen und verschließen. 6 Monate im Keller ruhen lassen.

Die Eberesche ist auch unter dem Namen Vogelbeere, Aberesche, Faulesche, Kramsvogelbeere und Quitschenbaum bekannt. Die Beeren erst nach dem ersten Frost pflücken, dann verlieren sie etwas von ihrem herben Geschmack, und nur gekocht verwenden. Tipp: Vogelbeeren sammeln, 14 Tage in den Tiefkühler legen und dann wieder auftauen. So müssen Sie den ersten Frost nicht abwarten!

Vogelbeerenschnaps

Als Verdauungshilfe

Ergibt 1¼ Liter

150 g tiefgekühlte und wieder aufgetaute Vogelbeeren
150 g Kandiszucker
30 g geröstete Kaffeebohnen
½ Zimtstange
1 Zitrone, Schale abgerieben
1 l Obstbranntwein (41 Vol.-%)

Die Beeren im Backofen bei schwacher Hitze (ca. 100 Grad) leicht karamellisieren. Abkühlen lassen. Mit allen übrigen Zutaten in ein Glas geben und 14 Tage verschlossen an die Sonne stellen. Durch einen Kaffeefilter seihen und in Flaschen abfüllen. Gut verschlossen kühl aufbewahren.

Die Berberitze gehört zur Familie der Sanddorngewächse. Man findet sie gerne an trockenen, sonnigen Standorten, im Feldgehölz, in lichten Laubwäldern und im Föhrenwald. Zum Ernten die Beeren an den Stielen mit einer Schere abschneiden. Die vitaminreichen sauren Beeren nicht roh essen, da sie Übelkeit hervorrufen können.

Berberitzen-Apfel-Sirup mit Minze*

Ergibt 2 Liter

1 kg reife Berberitzen
1,2 kg Äpfel
400 ml Wasser
20 Minzenblätter
1 kg Zucker
3 Zitronen, Saft

Die Berberitzen verlesen, putzen, waschen und in einen Kochtopf geben. Die Äpfel von Stiel, Blütenansatz und Kerngehäuse entfernen, vierteln und beigeben. Das Wasser und die Minze hinzufügen und alles langsam im geschlossenen Topf erhitzen. Nach dem Aufkochen noch 20 Minuten ziehen lassen. Dann vorsichtig durch ein Tuch abgießen und den Saft auffangen. Die Rückstände im Tuch bis zum nächsten Tag abtropfen lassen.
Den abgekühlten Saft mit Zucker und Zitronensaft mischen, zum Kochen bringen und 5 Minuten sprudelnd kochen lassen. Heiß in heiß ausgespülte Flaschen füllen und sofort verschließen.

Tipps:
Den Sirup mit Mineralwasser oder Weißwein aufspritzen.
Aus den nach dem Abseihen zurückgebliebenen Rückständen einen **Berberitzen-Apfel-Likör** herstellen. Dazu die Fruchtrückstände in ein 2-Liter-Einmachglas geben, mit Gravensteinerschnaps und 100 g Zucker vermischen und gut verrühren. 4–6 Wochen an einem kühlen Ort im dunklen Keller stehen lassen. Dann durch ein feines Tuch seihen, in Flaschen abfüllen und verschließen. 4–6 Monate im dunklen, kühlen Keller ruhen lassen.

Schwarzer-Holunder-Sirup*

Ergibt 5 Liter

5 kg Holunderbeeren, gewaschen, entstielt
3 kg Zucker
½ l kräftiger Rotwein
½ l Wasser
1 Zimtstange

Alle Zutaten in einen passenden Topf geben, aufkochen und 30 Minuten bei kleiner Hitze köcheln lassen (dabei verdunstet der Alkohol). Das heiße Mus durch ein gebrühtes Tuch seihen. Den Saft nochmals aufkochen und in heiß ausgespülte Flaschen abfüllen. Sofort verschließen.

Tipps:
Aus den nach dem Abseihen zurückgebliebenen Fruchtrückständen können Sie einen Holunderlikör ansetzen (siehe rechts).
Für **Holunderlimonade** pro Person 5 cl Holundersirup mit Mineralwasser oder Quellwasser aufspritzen und den Saft von ½ Zitrone dazugeben.
Für **Holunder Royale** in einem Champagnerglas 3 cl Holundersirup mit Champagner aufspritzen.
Für weitere Varianten den Sirup mit Lindenblütenlimonade, Lindenblütentee oder Apfelsaft aufgießen.

Holunderfrappé*

Pro Person

5 cl Holundersirup mit 200 ml Milch und 1 Kugel Vanilleeis im Mixer kurz mixen. In einem hohen Glas mit Trinkhalm servieren.

Nach altem Volksglauben hält der Holunderbusch im Garten die bösen Geister fern. Es heißt, er macht den Apotheker zum Bettler.

Holunderlikör

Ergibt 1 Liter

500 g Fruchtrückstände von der Sirupherstellung (siehe links)
150 g weißer Kandiszucker
1 l Obstbranntwein (41 Vol.-%)
2 kleine Stückchen Ingwerwurzel

Alle Zutaten in eine Flasche mit weiter Öffnung geben. Gut durchschütteln, verschließen und etwa 3 Wochen an einen sonnigen Platz stellen; dabei jeden Tag gut durchschütteln. Danach durch einen Kaffeefilter ablaufen lassen. In Flaschen füllen und verkorken. Kühl lagern.

Tipp:
Besonders zu empfehlen bei Erkältungen: Hagebuttentee mit Holunderlikör – wirkt schweißtreibend, daher nach dem Trinken sofort ins Bett gehen!

Holunder-Brombeer-Sirup

Ergibt 5 Liter

2½ kg Holunderbeeren, gewaschen und entstielt
½ l kräftiger Rotwein
½ l Wasser
2½ kg Brombeeren
1 Vanilleschote, der Länge nach halbiert
3 kg Zucker

Alle Zutaten in einen passenden Topf geben, aufkochen und 30–40 Minuten bei kleiner Hitze köcheln lassen. Das heiße Mus durch ein gebrühtes Tuch seihen. Den Saft nochmals aufkochen und in heiß ausgespülte Flaschen abfüllen. Sofort verschließen.

Holunder-Williamsbirnen-Sirup

Ergibt 5 Liter

2 kg Holunderbeeren, gewaschen, entstielt
4 kg vollreife Williamsbirnen, geviertelt, Kerngehäuse und Stiel entfernt
½ l Wasser
3 kg Zucker
200 ml Williamsschnaps

Alle Zutaten bis und mit Zucker in einen Topf geben, aufkochen und 30–35 Minuten bei kleiner Hitze köcheln lassen. Das heiße Mus durch ein gebrühtes Tuch seihen. Den Saft nochmals aufkochen, den Williamsschnaps beigeben, erneut kurz aufkochen, sofort in heiß ausgespülte Flaschen abfüllen und verschließen.

Holunderwein

Ergibt 20 Liter

20 l Saft von schwarzen Holunderbeeren (von ca. 32 kg Beeren)
1½ kg Zucker
500 g Rosinen
500 g Holunderblüten
500 g Zucker

Den Saft in einen hohen Topf gießen, den Zucker dazugeben und aufkochen. In einen Gärbehälter oder eine Korbflasche füllen, die Rosinen beigeben und das Ganze rund 6 Monate stehen lassen.

Dann die Holunderblüten und weitere 500 g Zucker hinzufügen. Nach 2–3 Wochen wird der Wein klar und sehr angenehm im Aroma. Den Wein durch ein gebrühtes Tuch seihen, in Flaschen abfüllen und diese gut verkorken.

Tipp für die Saftherstellung:
Die Beeren durch den Fleischwolf drehen und anschließend mit Hilfe einer Handpresse auspressen.

Holunderbowle*

Ergibt 2¾ Liter

½ l Holundersirup
300 ml Orangensaft, frisch gepresst
1 l Apfel- oder Birnensaft
einige Pfefferminzblätter
1 l Mineralwasser

Holundersirup, Orangensaft und Apfel- oder Birnensaft in eine Bowlenschüssel geben, umrühren und die Pfefferminzblätter einlegen. Im Kühlschrank 1½ Stunden ziehen lassen und vor dem Servieren mit dem Mineralwasser aufgießen.

Tipp:
Wenn Sie die Bowle mit Apfelsaft zubereiten, können Sie zusammen mit der Minze zwei geschälte, entkernte und in kleine Würfel geschnittene Äpfel beigeben, bei Birnensaft nehmen Sie Birnen.

Die beerenartigen Scheinfrüchte des Wacholders sind in unreifem Zustand grün und werden ausgereift blauschwarz. Sie sind ein beliebtes Gewürz vor allem für Herbst- und Winterspezialitäten wie Wild oder Sauerkraut.

Wacholdersirup*

Ergibt 1 Liter

300 g reife Wacholderbeeren
800 ml Wasser
1½ kg Zucker
3 Zitronen, in ½ cm dicke Scheiben geschnitten

Die Wacholderbeeren mit 200 ml Wasser kurz aufkochen. Die Beeren mit einem Fleischklopfer zerquetschen, 600 ml Wasser beigeben, aufkochen, 5 Minuten ziehen lassen, dann abseihen. Diesen leicht bitteren, aromatischen Sud mit dem Zucker vermischen. Die Zitronenscheiben beigeben und etwa 1 Stunde einkochen. Abseihen, in heiß ausgespülte Flaschen abfüllen und verschließen.

Tipps:
Für **Wacholdertee** 2½ cl Wacholdersirup erwärmen, mit 75 ml Hagebuttentee und dem Saft von ½ Zitrone abschmecken. Für **Wacholder-Birnensaft** pro Person 2½ cl Wacholdersirup in ein Glas geben und mit Birnensaft oder -most auffüllen. Für einen **Wacholder-Honig-Drink** 2½ cl Wacholdersirup mit 75 ml Milch gut vermischen und mit 1 Teelöffel Honig süßen.

Wacholder-Magenlikör

Ergibt 1 Liter

Wacholderbeeren vom Herstellen des Sirups (siehe oben)
6 Esslöffel Bienenhonig
1 Flasche Wacholderschnaps oder Gin

Alle Zutaten in eine Flasche geben, gut durchschütteln und etwa 4 Wochen kühl und dunkel stehen lassen. Abseihen und in Flaschen abfüllen, verschließen und weitere 3 Monate ruhen lassen. Kühl servieren.

Wacholderlikör

Ergibt 1¼ Liter

120 g zerquetschte Wacholderbeeren
120 g grüne Wacholdernadeln
250 g Waldhonig
1 l Obstbranntwein

Alle Zutaten gut mischen, in ein Glas füllen, verschließen und etwa 1 Woche an die Sonne stellen. Den Likör durch einen Kaffeefilter seihen und in Flaschen abfüllen. Kühl aufbewahren und auch kühl servieren.

Die zur Familie der Rosengewächse gehörende Mehlbeere gedeiht in Gebirgswäldern, an steinigen Abhängen und Felsen. Die Frucht ist kugelig bis eiförmig, orange bis rot und mehlig. Die Früchte sollten nach dem ersten Frost geerntet oder vor der Verarbeitung einige Tage in den Tiefkühler gelegt werden.

Mehlbeeren-Ratafia

Ergibt 800 Milliliter

800 g Mehlbeeren, gewaschen, getrocknet und tiefgefroren
1 Vanilleschote, der Länge nach halbiert
8 Pimentkörner
700 ml Weinbrand
3 Esslöffel Honig

Die Beeren tiefgefroren mit den Gewürzen und dem Weinbrand in eine passende Flasche geben, gut verkorken und 7–8 Wochen an einem sonnigen Platz ziehen lassen. Danach die Flüssigkeit filtrieren und mit dem Honig gut vermischen. In Flaschen abfüllen, weitere 3 Monate kühl reifen lassen. Kühl servieren.

Die zur Familie der Heidekrautgewächse gehörende Preiselbeere findet man, oft gemeinsam mit Heidelbeeren, in lichten Fichtenwäldern, auf Heiden und Hochmooren bis auf 2000 Meter Höhe. Die kugelige rote Beere reift je nach Lage zwischen August und Oktober.

Preiselbeerlikör mit Honig

Ergibt 1¼ Liter

Preiselbeerrückstände vom Herstellen des Weins (ca. 1 l) oder 200 g frische Preiselbeeren, kurz tiefgekühlt
1 Zimtstange
10 schwarze Pfefferkörner, zerdrückt
100 ml Portwein
1 l Obstbranntwein (41 Vol.-%)
3 Esslöffel Honig

Alle Zutaten in ein passendes Gefäß geben, gut umrühren und 8–10 Tage an die Sonne stellen. Dann filtrieren, in Flaschen abfüllen, verschließen und 2–3 Monate ruhen lassen. Kühl servieren.

Honig-Preiselbeer-Wein

Ergibt 5 Liter

2 kg Preiselbeeren, verlesen, gewaschen
2 l kräftiger Rotwein
2 l Wasser
½ l Portwein
400 g Honig
Weinstein (nach Gebrauchsanweisung)

Die Beeren in einen flachen Topf geben, mit Rotwein, Wasser und Portwein aufkochen und köcheln lassen, bis alle Beeren aufplatzen. Auskühlen lassen, dann durch ein gebrühtes Tuch seihen. Honig und Weinstein in etwas lauwarmer Preiselbeerflüssigkeit anrühren und zur übrigen Flüssigkeit geben. 10–14 Tage an einem kühlen Ort stehen lassen. Nochmals abseihen, in Flaschen abfüllen und verschließen. Kühl aufbewahren und kühl servieren.

Tipps:

Passt ausgezeichnet zu Blauschimmelkäse.
Die Beerenrückstände für Likör (siehe Seite 119) verwenden.

Preiselbeer-Birnensaft

Ergibt 1¾ Liter

1 kg Preiselbeeren, verlesen, gewaschen
100 ml Rotwein
200 ml Wasser
700 ml gepresster Birnensaft
1,2 kg Zucker

Die Preiselbeeren in einem flachen Topf mit dem Rotwein und dem Wasser langsam erhitzen, bis die Früchte kochen und alle Beeren aufplatzen. Zugedeckt im Topf erkalten lassen. Die Flüssigkeit durch ein gebrühtes Tuch gießen und den Saft über Nacht abtropfen lassen. Den Preiselbeersaft mit dem Birnensaft mischen und zusammen mit dem Zucker unter Rühren zum Kochen bringen. Abschäumen, 4 Minuten weiterkochen, heiß in Flaschen füllen und sofort verschließen.

Tipp:

Mit Mineralwasser, mit Weiß- oder Rotwein oder mit Champagner aufspritzen.

Sanddorn, im Volksmund auch Dünnendorn, Fasanbeere oder rote Schlehe, gehört zur Familie der Ölweidengewächse. Die vitaminreichen und aromatisch säuerlichen Früchte werden noch vor dem ersten Frost gepflückt. Zum Ernten die saftigen Früchte unbedingt mit einer Schere an den Stielen abschneiden. Beim Abzupfen zerdrückt man sie leicht, und der wertvolle Saft geht verloren.

Sanddornkaltschale*

Für 4–6 Personen

¼ l Weißwein
100 ml Orangensaft
100 ml Wasser
½ Teelöffel Kartoffel- oder Maisstärke
300 ml Sanddornsirup
1 Esslöffel Zitronensaft
½ Esslöffel Tapioka, gekocht, als Einlage
4–6 Esslöffel geschlagener Rahm

Weißwein, Orangensaft und Wasser kurz aufkochen, die Stärke mit 1 Esslöffel kaltem Wasser anrühren, in die heiße Flüssigkeit einlaufen lassen und diese noch 5 Minuten köcheln lassen. Etwas erkalten lassen. In die fast vollständig abgekühlte Suppe den Sanddornsirup und den Zitronensaft einrühren. Die gut ausgekühlte Tapioka in Suppentassen verteilen. Mit der Fruchtsuppe auffüllen und vor dem Servieren etwa ½ Stunde kalt stellen. Mit einem Sahnehäubchen garnieren.

Tipp:

Die Kaltschale können Sie auch mit Holunder-, Himbeer-, Heidelbeersirup usw. zubereiten.

Sanddornsirup, -limonade und -tee*

Ergibt 2 Liter

3 kg Sanddornbeeren

1,2 kg Zucker

Aus den gewaschenen Beeren im Entsafter etwa 1,2 Liter Sanddornsaft herstellen. Den Saft mit dem Zucker vermengen und auf 75–80 Grad erhitzen. In heiß ausgespülte Flaschen abfüllen und sofort verschließen.

Tipps:
Sanddornsirup mit Mineralwasser oder Quellwasser aufspritzen. Oder heißen oder kalten Pfefferminz- oder Lindenblütentee mit Sanddornsirup süßen und abschmecken.

Sanddornbowle*

Ergibt 2¾ Liter

½ l Sanddornsirup

300 ml Orangensirup

1 l Birnensaft

1 Sträußchen Estragontagetes oder Pfefferminze

1 l Mineralwasser

Sanddornsirup, Orangensaft und Birnensaft in eine Bowlenschüssel geben, umrühren und das Kräutersträußchen dazugeben. Im Kühlschrank 1½ Stunden ziehen lassen und vor dem Servieren mit dem Mineralwasser aufgießen.

Sanddorn enthält hochkonzentriertes Vitamin C, daher sollte diese wohlschmeckende Beere viel häufiger genossen werden.

Tipps:
Anstelle von Birnensaft mit einem Muskatellerwein (2 Flaschen) ansetzen und zuletzt mit Champagner aufspritzen.
3–4 in kleine Würfel geschnittene vollreife Williamsbirnen daruntermischen.

Sanddorn-Milchshake*

Pro Person

In einen Shaker 200 ml Milch, 5 cl Sanddornsirup und 2 Esslöffel Crushed Ice geben, gut schütteln und in hohen Gläsern mit Trinkhalm servieren.

Sanddorn-Zitronensaft-Drink*

Pro Person

100 ml Sanddornsirup, den Saft von 1 Zitrone, 200 ml Quellwasser und 1–2 Eiswürfel in ein Glas geben, umrühren und mit Trinkhalm servieren.

Der zur Familie der Rosengewächse gehörende Schlehdornstrauch findet sich häufig in Hecken, an Waldrändern und in steinigem Gelände. Die kugelige blauschwarze Frucht ist stark bereift und hat einen bitteren, zusammenziehenden Geschmack. Die Schlehen sind Ende September bis November reif und sollten erst nach dem ersten Frost gesammelt werden, da sie durch die Kälteeinwirkung den herben Geschmack verlieren. Tipp: Vor dem ersten Frost gesammelte Schlehdornfrüchte für ein paar Tage in den Tiefkühler geben und dann weiterverarbeiten.

Schlehensirup*

Ergibt 3 Liter

1 kg Schlehen, geputzt, gewaschen
750 g Äpfel, geschält und entkernt
1 Vanilleschote, der Länge nach halbiert
1,2 kg Zucker
2 l Wasser
1 Kaffeelöffel Anissamen

Die Schlehen über Nacht tiefkühlen, um ihnen den herben Geschmack zu nehmen. Mit den übrigen Zutaten in einen Topf geben, aufkochen und 10 Minuten zugedeckt ziehen lassen. Die Früchte mit einem Holzkochlöffel zerdrücken und alles durch ein gebrühtes Tuch seihen. Die Flüssigkeit etwa 8 Stunden ablaufen lassen. Den aufgefangenen Sirup kurz aufkochen, in heiß ausgespülte Flaschen abfüllen und sofort verschließen.

Tipps:
Schmeckt mit Hagebutten- oder Lindenblütentee vermischt ausgezeichnet.
Zu einem Drittel Schlehensirup in ein Glas geben und mit Champagner auffüllen.

Schlehenbowle

Für 8 Personen, ergibt 2¼ Liter

½ l Schlehensirup
4 Williamsbirnen, geschält, entkernt, in Würfel geschnitten
1 Flasche trockener Weißwein
5 cl Williamsschnaps
½ Vanilleschote, der Länge nach halbiert
1 Flasche Champagner oder Sekt

Die Zutaten bis und mit Vanilleschote in eine Bowlenschüssel geben und zugedeckt 2–3 Stunden im Kühlschrank ziehen lassen. Vor dem Servieren die Vanilleschote entfernen und die Bowle mit Champagner oder Sekt auffüllen.

Schlehenlikör

Ergibt 850 Milliliter

300 g gut ausgereifte Schlehen
1 Zimtstange
1 Orange, Schale dünn abgeschält
12 Gewürznelken
700 ml Wodka
250 g Kandiszucker

Die Schlehen mit einer Nadel mehrmals einstechen und über Nacht in den Tiefkühler legen, um ihnen den herben Geschmack zu nehmen. Gefroren mit den übrigen Zutaten in ein Glasgefäß geben und gut durchschütteln. Für 6 Wochen an ein Fenster in der Nähe eines Heizkörpers stellen; dabei von Zeit zu Zeit aufschütteln. Die Flüssigkeit durch einen Kaffeefilter gießen und in Flaschen abfüllen. Gut verschlossen kühl lagern. Kalt servieren.

Mispelsirup mit Estragontagetes*

Ergibt 3 Liter

1½ kg Mispeln, gewaschen und getrocknet
2½ l Wasser
3 Zitronen, Saft
3 kg Zucker
2 Zweige Estragontagetes oder Minze

Die Mispeln in Scheiben schneiden und in einen Topf geben. Wasser und Zitronensaft dazugießen und alles etwa 35 Minuten kochen lassen, bis die Mispeln weich sind. Dabei immer wieder mit einem Holzlöffel rühren. Die Flüssigkeit durch ein Tuch passieren. Den Saft mit dem Zucker aufkochen, abschäumen, dann die Kräuterzweige beigeben und kurz ziehen lassen. Durch ein Sieb in heiß ausgespülte Flaschen abseihen und sofort verschließen.

Tipps:
Den Sirup mit Quellwasser oder Mineralwasser aufspritzen.
Aus den Mispelrückständen kann man Likör herstellen (siehe unten).

Die Mispel, ein Rosengewächs, findet sich als verwilderte Kulturpflanze in lichten Wäldern und an Waldrändern. Die kugelige, behaarte Frucht ist mürbe und mehlig im Geschmack. Die reifen Früchte besitzen einen hohen Pektingehalt und eignen sich besonders gut zur Herstellung von Gelee.

Mispellikör

Ergibt 1 Liter

Rückstände von der Herstellung des Mispelsirups (siehe oben)
180 g Kristallzucker
½ Vanilleschote, der Länge nach halbiert
1 Zitrone, Schale dünn abgeschält
1 l Apfeltrester

Alle Zutaten in ein Glas geben, verschließen und gut schütteln, bis sich der Zucker aufgelöst hat. Für etwa 2 Wochen an ein Fenster stellen und jeden Tag gut durchschütteln. Die Flüssigkeit durch ein gebrühtes Tuch passieren, in Flaschen abfüllen und 3 Monate an einem kühlen Ort im Keller ruhen lassen. Kühl servieren.

Mispelfrappé*

Pro Person

200 ml Milch, 5 cl Mispelsirup und 1 Kugel Vanilleeis im Mixer aufmixen. In einem hohen Glas mit Trinkhalm servieren.

Die Moosbeere gehört wie die Preiselbeere zur Familie der Heidekrautgewächse. Sie wächst auf Moospolstern in Hochmooren. Die kugelige rote Frucht ist etwas grösser als die Preiselbeere und ebenfalls winterhart. Die Beere wird im September und Oktober geerntet. Durch Einfrieren verliert sie ihren etwas herben Geschmack.

Finnischer Moosbeeren-Cocktail

Pro Person

5 cl Moosbeer- oder Preiselbeersirup
2½ cl finnischer Wodka
1 Esslöffel Crushed Ice
Champagner zum Aufspritzen

Sirup, Wodka und Crushed Ice in den Shaker geben, gut schütteln, in ein hohes Champagnerglas füllen und mit Champagner auffüllen.

Apfelsaft nach italienischer Art*

Ergibt 1¼ Liter

10 aromatische Äpfel, ungeschält in Scheiben geschnitten
2 Zitronen, Saft
1 Sträußchen Minze
1 l kochendes Wasser
300 g Zucker

Die Apfelscheiben in eine weite Schüssel geben, mit dem Zitronensaft beträufeln, das Minzesträußchen dazugeben und mit dem kochenden Wasser bedecken. Etwa 1 Stunde ziehen lassen. Die Mischung durch ein Sieb abgießen. Den Zucker beigeben und gut verrühren, bis sich der Zucker aufgelöst hat. 2 Stunden in den Kühlschrank stellen.

Apfelwein

Cidre

Ergibt 5 Liter

7 l Wasser
3 Kaffeelöffel Natriummetabisulfit oder Kaliumdisulfit (Fachgeschäft für Kellereibedarf oder Apotheke)
5 kg vollreife Äpfel
1 l Wasser
150 g Zucker
1 Zitrone, Saft
2 Kaffeelöffel Weinhefe, in etwas lauwarmem Wasser angerührt

Das Wasser in ein Gärgefäß geben und das Natriummetabisulfit oder Kaliumdisulfit darin auflösen. Die Äpfel dazugeben, umrühren und zugedeckt 2 Minuten stehen lassen, dann das Wasser abgießen und die Äpfel unter fließendem Wasser abspülen. Das Gefäß ausspülen. (Dies ist unbedingt erforderlich, damit der Apfelwein nicht durch Bakterien verdorben wird.)
Wasser und Zucker zusammen aufkochen und abkühlen lassen.
Von den Äpfeln alle Druckstellen herausschneiden, damit Farbe und Aroma nicht beeinträchtigt werden. Die Früchte in Scheiben schneiden oder raffeln. Den Zuckersirup mit dem Zitronensaft vermischt in das Gärgefäß geben und die Äpfel hinzufügen. Die Hefe daruntermischen und alles gut vermengen. Die Äpfel mit einem Holzstampfer zerdrücken. Zugedeckt 1 Woche an einem warmen Platz gären lassen, täglich mischen und zerdrücken.
Die zerdrückten Äpfel in einer Presse auspressen und den Saft in einen Glasballon ablaufen lassen. Einen Gärverschluss aufsetzen und den Apfelwein 2 Wochen an einem kühlen Ort stehen lassen, bis sich die Trübstoffe am Boden des Gefäßes abgesetzt haben. Den Wein durch Filterpapier in einen sauberen Glasballon abziehen und sofort in Flaschen abfüllen. Die Flaschen zum Klären an einen kühlen Ort stellen.

Tipps:
Für einen **Gewürz-Apfelwein** 2 Zimtstangen, 10 Nelken und 5 Pfefferkörner oder als Variante 2 längs halbierte Vanilleschoten oder frischen, in feine Scheiben geschnittenen Ingwer (20 g) dem Zuckerwasser beigeben.

Apfelsirup*

Ergibt 1½ Liter

1 kg reife Äpfel
1 l Wasser
Zucker nach Bedarf
1 Kaffeelöffel Weinsäurelösung auf 1½ l Flüssigkeit

Die Äpfel in Stücke schneiden und in der Küchenmaschine zerkleinern. Mit dem Wasser in eine passende

Schüssel geben und 12 Stunden stehen lassen. Durch ein Tuch abpressen und auf 1 l Flüssigkeit 1 kg Zucker geben. 5 Minuten aufkochen, abschäumen, die Weinsäure beigeben und den Sirup in Flaschen mit Verschluss füllen.

Tipps:

Weinsäurelösung verleiht einen angenehmen Geschmack. Anstelle von Weinsäure den Saft von 2 Zitronen nehmen.

Der Apfelsirup ist 1 Jahr haltbar und kann mit Mineralwasser verdünnt getrunken werden.

Beim Aufkochen nach Belieben ein paar Blätter Pfefferminze oder Zitronenmelisse beigeben.

Gekochter Apfelsaft für Kinder*

Ergibt 2½ Liter

1½ kg Äpfel, ungeschält in dünne Schnitze geschnitten
2 Zitronen, Saft und fein abgeschälte Schale
180 g Zucker
2 l Wasser

Alle Zutaten in einen Topf geben und bei schwacher Hitze 15–20 Minuten köcheln lassen. Abkühlen lassen und durch ein mit einem feinen Tuch ausgelegtes Sieb gießen. Den Apfelsaft bis zum Servieren zugedeckt im Kühlschrank aufbewahren.

Frisch gepresster Apfel- oder Birnensaft*

Ergibt 2–2½ Liter, je nach Sorte

5 kg Äpfel oder Birnen oder gemischt
evtl. 4 Zitronen, Saft

Die Früchte waschen, halbieren, Kerngehäuse entfernen. Die Früchte vierteln und im elektrischen Entsafter entsaften oder in feine Scheiben schneiden, in ein Passiertuch geben, bis zur Hälfte in die Obstpresse füllen und den Saft auspressen. Nach Geschmack Zitronensaft daruntermischen. Kühl gelagert 3–5 Tage haltbar.

Tipps:

Für eine interessante Note beim Aufkochen ein paar Blätter Minze, Estragontagetes, Salbeiblätter, Estragon oder andere Kräuter beigeben.

Als Mischgetränk in ein Glas etwa 1 cm hoch Holunderblüten-, Rosenblüten-, Estragontagetes- oder anderen Sirup geben und mit Apfel- oder Birnensaft aufgießen.

Kommt der Saft in Gärung, entwickelt er Alkohol; daher unverschlossen aufbewahren.

Um den Apfel- und/oder Birnensaft für Monate haltbar zu machen, den frisch gepressten Saft aufkochen, in heiß ausgespülte Flaschen geben und sofort verschließen. Im Keller lagern, angebrochene Flaschen im Kühlschrank aufbewahren und innerhalb von 3 Tagen genießen, sonst gärt der Saft.

Frisch gepresster Apfelsaft kann Durchfall bewirken, daher nicht allzu viel davon trinken!

Apfelschalentee*

Die Schalen von aromatischen Äpfeln nicht wegwerfen. Im Dörrgerät, in der Wärmeschublade (Tellerwärmer) oder im Backofen bei 60–80 Grad trocknen. Nach Belieben die dünn abgeschälte Schale von gut gewaschenen und trocken geriebenen Zitronen oder Orangen mittrocknen.

Die getrockneten Schalen in beliebiger Mischung unter Zusatz von Lindenblüten-, Pfefferminz- oder Hagebuttentee mit heißem Wasser aufgießen. Nach Geschmack mit Honig süßen. Schmeckt auch kalt sehr gut!

Apfelwein-Schaumwein

Ergibt 10½ Liter

10 l vergorener klarer Apfelwein
500 g Zucker
200 ml Cognac
1 g Weinhefe
100 ml Apfelwein

Den Apfelwein mit dem Zucker verrühren, bis sich dieser aufgelöst hat. Den Cognac beifügen und in Schaumweinflaschen füllen.
Die Weinhefe mit den 100 ml Apfelwein gut vermischen, aufrühren und jeweils einige Spritzer davon in jede Flasche geben. Die Flaschen verkorken. Die Korken mit Draht fixieren und die Flaschen im kühlen Keller liegend mindestens 4 Wochen lagern.
Der Wein schäumt beim Öffnen der Flaschen sehr stark und kommt im Geschmack einem guten Schaumwein gleich.

Apfellikör

Ergibt 2½ Liter

1 kg Äpfel mit aromatischer Schale (z. B. Reinetten, Gravensteiner)
1 kg Äpfel, ausgepresster Saft
300 g Zucker
2 l Apfelbranntwein (Gravensteiner)

Die Äpfel fein reiben. Alle Zutaten gut miteinander vermischen, bis sich der Zucker aufgelöst hat. Filtrieren und in Flaschen abfüllen.

Tipp:
Den Likör zusätzlich mit Gewürzen parfümieren, z. B. mit ½ längs halbierten Vanilleschote oder mit ⅓ Zimtstange oder mit ¼ TL gemahlener Muskatblüte, 2 Gewürznelken und 3 Sternanis. Die Gewürze mit den anderen Zutaten beigeben und etwa 1 Tag ziehen lassen.
Nach dem gleichen Rezept mit Birnen und Williamsbirnenschnaps einen Birnenlikör zubereiten.

Birnensaft Schöne Helene*

Pro Person

300 ml Birnensaft mit einem Beutel Trinkschokoladenpulver (Suchard Express) mischen und kurz aufmixen. Nach Belieben eine Haube Rahm daraufsetzen und mit Schokoladenpulver bestreuen.

Apfelsafttee*

Pro Person

Ein Glas zur Hälfte mit Hagebuttentee füllen und mit Apfelsaft aufgießen.

Apfel-Turmix*

Für 2 Personen

2 säuerliche Äpfel, geschält, entkernt, in feine Schnitze geschnitten
400 ml Milch
2 Esslöffel Zucker
1 Zitrone, Saft

Alle Zutaten im Mixer fein pürieren und sofort servieren.

Tipp:
Kann auch mit einer Rahmhaube und garniert mit einem Minzblatt als kalte Suppe serviert werden.

Apfel- oder Birnenfrappé*

Für 2 Personen

2–3 säuerliche Früchte, geschält, entkernt, in feine Schnitze geschnitten
400 ml Milch
2 Esslöffel Zucker
2 Kugeln Vanilleeis

Alle Zutaten in den Mixer geben, fein pürieren und in Gläser füllen. Mit Trinkhalm servieren.

Apfelweinbowle mit Estragontagetes und Parakresse

Ergibt 2 Liter

1¼ l Apfelwein
200 g Zucker
125 ml Sherry
5 cl Weinbrand
¾ l Mineralwasser
1 Zitrone, Saft und dünn abgeschälte Schale
1 Sträußchen Estragontagetes
8–10 Parakresseblüten

Apfelwein und Zucker in eine Bowlenschüssel geben und verrühren, bis sich der Zucker aufgelöst hat. Sherry, Weinbrand, Mineralwasser, Zitronensaft und -schale beigeben. Die grob geschnittenen Kräuter

hinzufügen und alles im Kühlschrank 2–3 Stunden ziehen lassen. Durch ein Sieb gießen und gut gekühlt servieren.

Birnendicksaft*

Ergibt 1½ Liter

5 kg vollreife Birnen, entstielte, geviertelte und entkernte Birnen
1½ l Wasser

Von den Birnen Stiel und Kerngehäuse entfernen. Die Früchte vierteln, mit dem Wasser aufkochen und zugedeckt 20 Minuten ziehen lassen. Durch ein Tuch abseihen und den Saft (ohne Zuckerzugabe) mehrere Stunden unter Rühren auf kleinem Feuer einkochen, bis ein honigartiges Konzentrat entstanden ist. Heiß in Gläser füllen.

Sellerie-Ratafia

Ergibt 1¼ Liter

50 g Selleriesamen
6 g Koriander
1 g Nelken
1 l Obstbranntwein (41 Vol.-%)
100 ml Wasser
180 g Zucker
Sellerieknolle, in kleine Stücke geschnitten

Alle Zutaten bis und mit Obstbranntwein mischen und in einem passenden Gefäß mit Verschluss ziehen lassen. Das Wasser mit dem Zucker aufkochen, abkühlen lassen und beifügen. Filtrieren und in Flaschen abfüllen. Als Dekoration und zur Verstärkung des Geschmacks vor dem Verkorken in jede Flasche ein kleines Stück Sellerieknolle geben.

Oktober

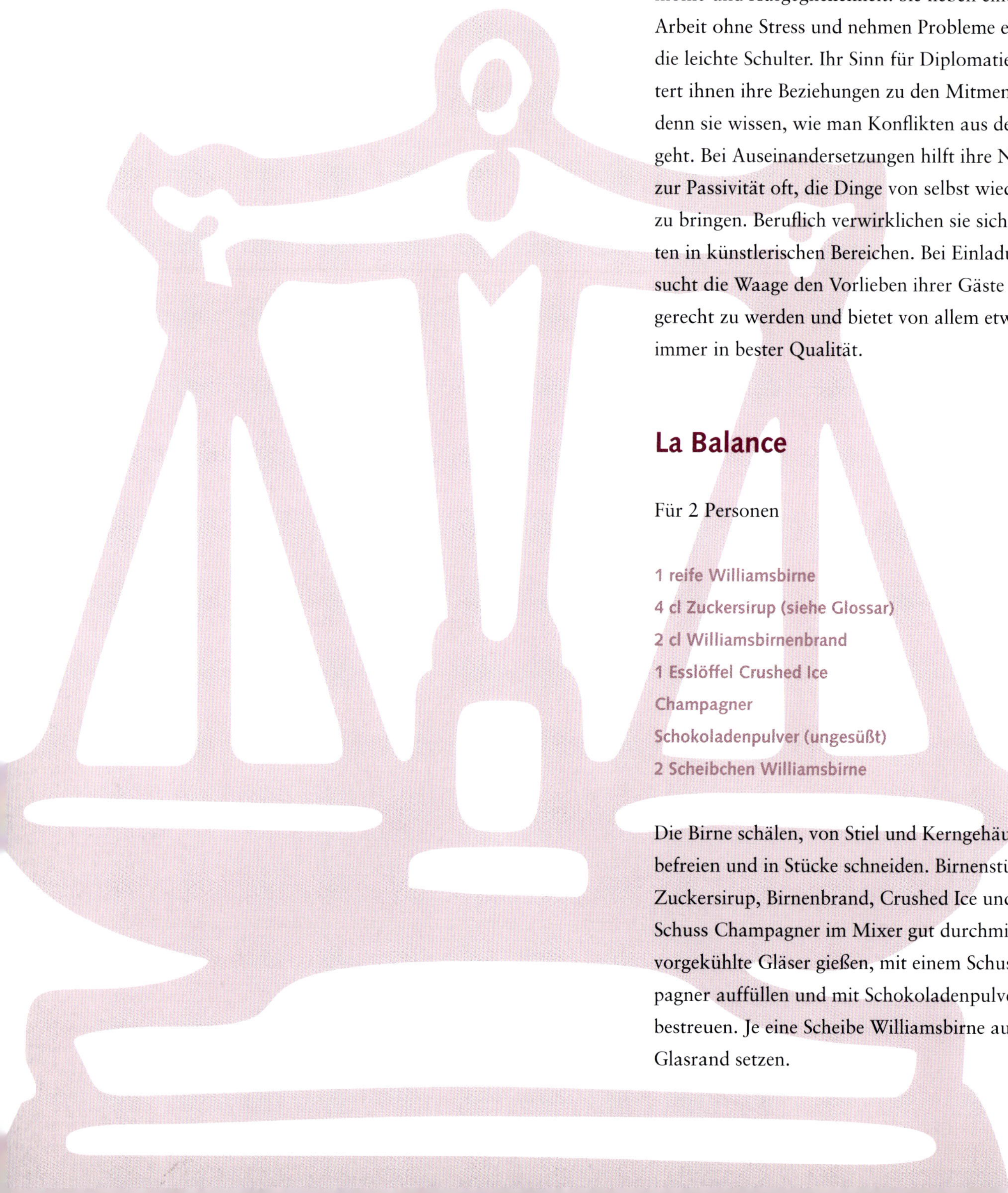

Das Geburtstagsgetränk der Waage
24. September bis 23. Oktober

Waage-Geborene sind stets auf der Suche nach Harmonie und Ausgeglichenheit. Sie lieben eine ruhige Arbeit ohne Stress und nehmen Probleme eher auf die leichte Schulter. Ihr Sinn für Diplomatie erleichtert ihnen ihre Beziehungen zu den Mitmenschen, denn sie wissen, wie man Konflikten aus dem Weg geht. Bei Auseinandersetzungen hilft ihre Neigung zur Passivität oft, die Dinge von selbst wieder ins Lot zu bringen. Beruflich verwirklichen sie sich am besten in künstlerischen Bereichen. Bei Einladungen versucht die Waage den Vorlieben ihrer Gäste möglichst gerecht zu werden und bietet von allem etwas, aber immer in bester Qualität.

La Balance

Für 2 Personen

1 reife Williamsbirne
4 cl Zuckersirup (siehe Glossar)
2 cl Williamsbirnenbrand
1 Esslöffel Crushed Ice
Champagner
Schokoladenpulver (ungesüßt)
2 Scheibchen Williamsbirne

Die Birne schälen, von Stiel und Kerngehäuse befreien und in Stücke schneiden. Birnenstücke, Zuckersirup, Birnenbrand, Crushed Ice und einen Schuss Champagner im Mixer gut durchmixen. In vorgekühlte Gläser gießen, mit einem Schuss Champagner auffüllen und mit Schokoladenpulver bestreuen. Je eine Scheibe Williamsbirne auf den Glasrand setzen.

Williamsbirnen-Turmix*

Für 2 Personen

2 Williamsbirnen, geschält, Stiel und Kerngehäuse entfernt, in Stücke geschnitten
1 Esslöffel Zucker
½ Zitrone, Saft
400 ml kalte Milch
2 Esslöffel Crushed Ice

Alle Zutaten im Mixer fein pürieren und in vorgekühlten Gläsern servieren.

Tipps:
Mit fein geschnittener Para- oder Brunnenkresse bestreuen.
2½–4 cl Williamslikör oder Schnaps mitmixen.
Kann als Apéro oder als kalte Suppe serviert werden.

Gewürzbirnendrink mit Rotwein

Für 2 Personen

2 Williamsbirnen, geschält, Stiel und Kerngehäuse entfernt, in Stücke geschnitten
4 cl Zuckersirup (siehe Glossar)
1 Messerspitze Zimtpulver
2 cl Cognac
1 Esslöffel Crushed Ice
ca. 300 ml kräftiger Rotwein, kühl
2 Esslöffel halbgeschlagener Rahm

Alle Zutaten bis und mit Crushed Ice mit etwas Rotwein im Mixer fein pürieren. In vorgekühlte Rotweingläser gießen und mit Rotwein auffüllen. Etwas halb geschlagenen Rahm daraufgeben und servieren.

Quendelblütenbowle

Für 6 Personen

1 Hand voll Quendelblüten (Feldthymian)
100 ml Cognac
1 l kräftiger Rotwein
80 g Rohrzucker
1 Flasche Rosé-Champagner

Die Quendelblütenblätter zupfen und mit dem Cognac übergießen. 1½ Stunden zugedeckt an einem kühlen Ort stehen lassen. Den Wein mit dem Rohrzucker verrühren, bis dieser aufgelöst ist. Die Quendelblüten abseihen und die Flüssigkeit zum Wein geben, gut aufrühren und nochmals 1½ Stunden kalt stellen. Vor dem Servieren den eisgekühlten Champagner dazugießen und servieren.

Tipps:
250 g in Würfel geschnittene Quitten mit 120 g Zucker in 100 ml Wasser kurz kochen, im Sud erkalten lassen und als Einlage in die Bowle geben. Auch in Würfel geschnittene geschälte Birnen passen als Einlage.

Rosmarinwein

Ergibt 1 Liter

2–3 Zweige Rosmarin
1 Orange, Schale fein abgeschält
1 l Weißwein
100 g Zucker

Rosmarin, Orangenschale und Weißwein mischen und in einer Flasche verschlossen 1 Woche ziehen lassen. Durchseihen und den Zucker unter Rühren darin auflösen. Den Wein kühl aufbewahren.

Tipp:
Ein bewährtes Hausmittel für Kreislauf und Verdauung. Täglich vor dem Nachtessen 100 ml davon einnehmen.

Quittensirup mit Minze*

Ergibt 3 Liter

1½ kg Quitten, gewaschen, getrocknet, die pelzige Schicht abgerieben
2½ l Wasser
3 Zitronen, Saft
3 kg Zucker
2 Zweige Pfefferminze

Die Quitten in Scheiben schneiden und mit dem Wasser und dem Zitronensaft rund 45 Minuten weich kochen. Dabei immer wieder mit einem Holzlöffel rühren. Das Ganze durch ein Tuch passieren. Den Saft mit dem Zucker aufkochen, abschäumen, die Pfefferminze beigeben und kurz darin ziehen lassen. Den Sirup durch ein Sieb in heiß ausgespülte Flaschen seihen und sofort verschließen.

Tipps:
Den Sirup mit Quellwasser- oder Mineralwasser, Weißwein oder Champagner aufspritzen – schmeckt hervorragend und ergibt ein spezielles Apérogetränk.

Quitten-Milk-Shake*

Pro Person

200 ml Milch, 5 cl Quittensirup, 2 Esslöffel Crushed Ice im Shaker gut schütteln und in ein vorgekühltes Glas gießen. Mit Trinkhalm servieren.

Tipp:
125 ml Quittenlikör beifügen.

Äpfel und Birnen sind geerntet. Nun werden die dunkelgelben, pelzigen Quitten reif. Quitten sind roh nicht genießbar. Der relativ große Aufwand bei ihrer Verarbeitung wird jedoch durch ihren köstlichen Geschmack entlöhnt.

Quittenfrappé*

Pro Person

150 ml Milch, 1 Kugel Vanilleeis und 100 ml Quittensirup im Mixer kurz aufmixen. In einem vorgekühlten Glas mit Trinkhalm servieren.

Quitten-Randen- oder Quitten-Karotten-Saft*

Pro Person

100 ml Randensaft, 5 cl Quittensirup, 5 cl Weißwein und 1 Esslöffel Crushed Ice im Shaker gut schütteln und in vorgekühlten Gläsern servieren.
Oder statt Randensaft und Weißwein und 150 ml Karottensaft nehmen.

Quittensirup mit Ingwer und Champagner

Pro Person

5 cl Quittensirup, 1 Prise Ingwerpulver oder 1 Scheibe Ingwerwurzel, 1 Esslöffel Crushed Ice und etwas Champagner im Shaker gut schütteln und in ein vorgekühltes Glas seihen. Mit Champagner aufspritzen.

Quittenbowle

Für 6 Personen, ergibt 2½ Liter

½ l Quittensirup
3 Orangen, Saft
100 ml Grand Marnier
2 Birnen, geschält, Stiel und Kerngehäuse entfernt, in Würfel geschnitten
1 kleines Zweiglein Thymian
1 l Weißwein
1 Flasche Champagner oder Sekt

Alle Zutaten bis und mit Weißwein in eine Bowlenschüssel geben und zugedeckt 1½ Stunden ziehen lassen. Vor dem Servieren das Thymianzweiglein entfernen, mit Champagner oder Sekt auffüllen und in Bowlengläsern servieren.

Quittenbowle ohne Alkohol*

Für 8 Personen, ergibt 3¼ Liter

½ l Quittensirup
3 Zitronen, Saft
3 Orangen, Saft
1 l Apfelsaft
1½ l Mineralwasser

Alle Zutaten bis auf das Mineralwasser in eine Bowlenschüssel geben und 1½ Stunden im Kühlschrank zugedeckt stehen lassen. Vor dem Servieren mit kaltem Mineralwasser auffüllen.

Quittenlikör

Ergibt 1¼ Liter

500 g Quitten, geschält, geviertelt und entkernt
400 ml Wasser
200 g Zucker
1 l Quittenbranntwein
¼ Zimtstange
2 Bittermandeln
1 gestrichener Teelöffel gemahlene Muskatnuss
1 TL Kardamom, ganz

Die Quitten mit Wasser und Zucker weich kochen, abkühlen lassen, dann mit den übrigen Zutaten mischen und rund 10 Tage im verschlossenen Gefäß ziehen lassen. Filtrieren und in Flaschen abfüllen.

Quittenlikör mit Perzipan

Ergibt 1½ Liter

600 g Quitten, gewaschen, die pelzige Schicht abgerieben
150 ml Wasser
250 g Kristallzucker
1 Kaffeelöffel Anissamen
1 Kaffeelöffel gemahlene Muskatblüte
4–5 Zwetschgenkerne (Perzipan), geschält und grob gehackt, ersatzweise 2 Bittermandeln
1,3 l Weinbrand

Die Quitten in Achtel schneiden, Blütenansatz und Kerngehäuse entfernen. Die Früchte mit dem Wasser bei schwacher Hitze zum Kochen bringen und zugedeckt, ohne umzurühren, 10 Minuten dünsten. Den Deckel abnehmen und die Flüssigkeit zur Hälfte verdampfen lassen. Zucker, Gewürze und Zwetschgenkerne beifügen, umrühren und zugedeckt erkalten lassen. Die Quittenmischung in ein 2-Liter-Glas geben, den Weinbrand dazugießen und alles gut verrühren. Das verschlossene Glas 14 Tage an die Sonne stellen. Dann den Quittenlikör filtrieren, in Flaschen füllen und gut verschließen. Kühl aufbewahren und auch gekühlt servieren.

Tipp:
Eignet sich sehr gut zum Parfümieren von Quittendesserts.

Aqua turca

Ergibt 1 Liter

½ l Wasser
150 g Kristallzucker
4 g Angelikawurzel
4 g Anis
2 g Kardamom
1 Zitrone, Schale dünn abgeschält
8 g Koriander
2 g Kalmus
4 g Ingwer
1 g Macis
2 g Bittermandeln
8 g Nelken
1 g Veilchenwurzel
4 g Zimt
½ l Alkohol (90 Vol.-%)

Wasser und Zucker aufkochen und gut verrühren, bis der Zucker sich vollständig aufgelöst hat. Erkalten lassen. Die Gewürze mit der Zuckerlösung und dem Alkohol in eine passende Flasche geben, verschließen und 10 Tage bei Zimmertemperatur ziehen lassen. Durch ein Tuch passieren und in Flaschen abfüllen. 2 Monate im dunklen, kühlen Keller ruhen lassen.

Tipp:
Anstelle von Alkohol und Wasser 1 Liter Arrak verwenden.

Alkermeslikör

Ergibt 1¼ Liter

9 g Ceylon-Zimtstangen, grob gebrochen
6 g Nelken
5 g Macisblüten
80 g Zucker
1 l Wodka (41 Vol.-%)
150 ml Rosenwasser (siehe Seite 47)

Die Gewürze und den Zucker zum Wodka geben und 3 Tage verschlossen an einem kühlen Ort ziehen lassen. Dabei täglich zwei- bis dreimal gut durchschütteln. Filtrieren, das Rosenwasser beigeben und 1–2 Monate kühl und dunkel ruhen lassen. In Flaschen abfüllen.

Jägerlikör

Ergibt 1¼ Liter

250 g Tannenschösslinge, frisch gesammelt
1 TL Korianderkörner
1 TL Kardamom, ganz
100 ml Wasser
150 g Zucker
1 l Obstbranntwein (41 Vol.-%)
einige Tropfen grüne Lebensmittelfarbe

Die Tannenschösslinge in ein passendes Glasgefäß geben, die Gewürze daruntermischen. Wasser und Zucker aufkochen, abkühlen lassen und mit dem Obstbranntwein vermischt über die Tannenschösslinge gießen. Das Gefäß 8–10 Tage an die Sonne stellen, dabei einmal täglich gut durchschütteln. Die Flüssigkeit filtrieren und in Flaschen abfüllen. Etwa 1 Monat ruhen lassen.

Trauben enthalten 80 Prozent Wasser und sind deshalb ein ausgezeichneter Durstlöscher. Die Kerne wirken verdauungsfördernd, werden aber auch bei Blutarmut, Kreislaufstörungen und Arterienverkalkung empfohlen.

Weißer oder roter Traubensaft*

Die Trauben verlesen, waschen und die Beeren abzupfen. In eine große Schüssel geben und mit einem Holzstößel grob zerdrücken. Den Fruchtbrei von blauen Weintrauben 2–3 Stunden an einem kühlen Platz stehen lassen, bis der Saft die rote Farbe der Schalen angenommen hat. Den Saft durch ein Sieb abtropfen lassen oder in der Obstpresse abpressen. Den Traubensaft in den Kühlschrank stellen und gut gekühlt servieren. Nach Geschmack etwas gekühlten Zuckersirup (siehe Glossar) daruntermischen.

Tipps:
Den Traubensaft mit Zitronen- oder Orangensaft, mit Holunderblüten-, Rosenblüten- oder Estragontagetes-Sirup oder mit Minze aromatisieren.
Zum Konservieren den frisch gepressten Traubensaft in einen Topf geben und pro Liter Saft 60–80 g Zucker beigeben. Auf 85 Grad erhitzen, in heiß ausgespülte Flaschen abfüllen und sofort verschließen. Mindestens 1 Jahr haltbar. Angebrochene Flaschen kühl lagern und innerhalb von 2 Tagen trinken.

Beim Konservieren von blauem Traubensaft beim Aufkochen 2 Beutel Hagebuttentee beigeben. Vor dem Abfüllen die Teebeutel herausnehmen.
Beim Konservieren von weißem Traubensaft beim Aufkochen einen Zweig Pfefferminze oder 2 Beutel Pfefferminztee pro Liter Saft sowie Saft und fein abgeschälte Schale von 2 Zitronen beigeben. Vor dem Abfüllen abseihen.

Traubensaftkonzentrat

Ergibt 2 Liter

8 kg sehr reife Trauben, Saft ausgepresst (siehe links)

Den Traubensaft bei niedriger Temperatur auf 2 Liter Flüssigkeit einköcheln. Den Saft durch ein gebrühtes Tuch gießen und nochmals erhitzen, bis er dickflüssig ist. Heiß in Flaschen füllen und sofort verschließen.
Mit Quell- oder Mineralwasser verdünnt genießen.

Traubenbowle

Für 6–8 Personen, ergibt 3 Liter

2 l frisch gepresster roter oder weißer Traubensaft
200 g Zucker
2 Zitronen, Saft
1 Zitrone, fein abgeriebene Schale
200 g Trauben, halbiert und entkernt
1 l Mineralwasser mit Kohlensäure

Den Traubensaft mit dem Zucker in eine Bowlenschüssel geben, rühren, bis sich der Zucker aufgelöst hat, dann Zitronensaft, Zitronenschale und die Trau-

ben dazugeben. 2 Stunden im Kühlschrank abkühlen lassen. Vor dem Servieren mit Mineralwasser aufspritzen.

Weiße-Trauben-Bowle

Für 8–10 Personen, ergibt 4 Liter

1½ l weißer Traubensaft
2 Flaschen Muskatellerwein
2 Zitronen, Saft und fein abgeschälte Schale
100 ml Cognac
300 g Muskatellertrauben, halbiert und entkernt
1 Flasche Champagner oder Sekt

Alle Zutaten bis und mit Muskatellertrauben in eine Bowlenschüssel geben und 2 Stunden in den Kühlschrank stellen. Vor dem Servieren den gekühlten Champagner beigeben.

Wenn die Edelkastanien reif sind, entfaltet der Herbst seine volle Pracht. Der Duft von gerösteten Kastanien weckt Herbst- und Wintergefühle, lässt an wärmendes Feuer und Kerzenschein in der Dunkelheit denken ...

Kastanienlikör

Ergibt 850 Milliliter

180 g Zucker
15 geröstete Kastanien, geschält und grob gehackt (siehe rechts)
100 ml Wasser
2 Esslöffel ungesüßtes Schokoladenpulver
700 ml Wodka

Den Zucker in einer Pfanne leicht karamellisieren, die Kastanien dazugeben, kurz mitrösten und mit Wasser ablöschen. Beiseite stellen und auskühlen lassen. Das Schokoladenpulver und den Wodka beigeben, gut vermischen. In ein passendes Glas geben, verschließen und etwa 1 Woche an die Sonne stellen. Jeden Tag gut durchschütteln. Abseihen und in Flaschen abfüllen. Im kühlen Keller 4–5 Monate ruhen lassen. Kühl servieren.

Kastanienmilch und -frappé*

Ergibt 1 Liter

10 Esskastanien
3 Esslöffel Zucker
1 l Milch

Die Kastanien auf der flachen Seite mit einem spitzen Messer kreuzweise einritzen. Im vorgeheizten Backofen bei 200 Grad etwa 10 Minuten rösten, dabei immer wieder am Blech rütteln. Die Kastanien schälen und grob hacken.
Den Zucker in einer Pfanne leicht karamellisieren, mit der Milch ablöschen und aufkochen, bis der Zucker aufgelöst ist. Erkalten lassen.
Die gehackten Kastanien mit einem Drittel der Karamellmilch in den Mixer geben und fein mixen. Die restliche Milch dazugeben und in Trinkbecher verteilen.

Tipp:
Für ein Kastanienfrappé zuletzt 6 Kugeln Vanilleeis in den Mixbecher geben, nochmals kurz aufmixen und in Bechergläsern servieren.

Haselnuss-Birnen-Shake oder -Frappé*

Für 2 Personen

50 g Haselnüsse, geröstet und gemahlen
1 Birne, geschält, Kerngehäuse entfernt, in Würfel geschnitten
1 Esslöffel Birnendicksaft
300 ml Milch
2 Esslöffel Crushed Ice

Alle Zutaten in den Mixer geben und kurz fein pürieren. In Gläser füllen und mit Trinkhalm servieren.

Tipp:
Ein Haselnussfrappé wird daraus, wenn man anstelle von Crushed Ice 2 Kugeln Vanilleeis beigibt.

Walnuss-Quitten-Shake*

Für 2 Personen

50 g geröstete Walnüsse, gemahlen oder fein zerstoßen
100 ml Quittensirup
¼ l Milch
2 Esslöffel Crushed Ice

Alle Zutaten im Mixer kurz durchmixen. In hohe Trinkgläser füllen und mit Trinkhalm servieren.

Wenn die Eichhörnchen und Waldmäuse ihre Vorräte teilen würden ...

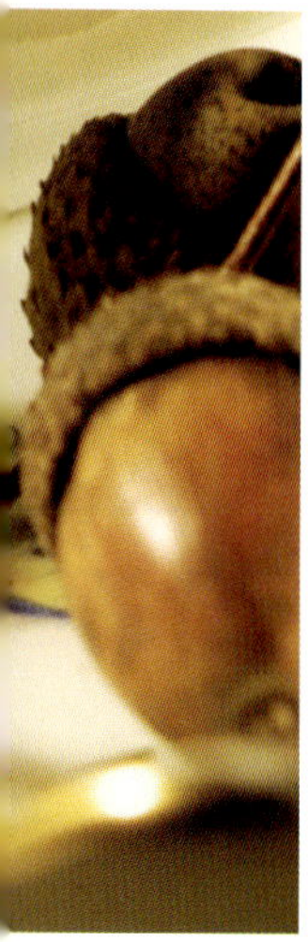

Walnussfrappé*

Für 2 Personen

60 g Walnüsse, geröstet und fein zerstoßen
400 ml Milch
2 Kugeln Vanilleeis

Alles im Mixer kurz durchmixen. In hohen Trinkgläsern mit Trinkhalm servieren.

Tipp:
Zusätzlich 2 Beutel Trinkschokoladenpulver (Suchard Express) beigeben.

Crème de noix

Ergibt 1 Liter

300 g Nussschalen, zerkleinert
2 Teelöffel gemahlene Muskatnuss
½ TL Piment, ganz
½ TL Koriander, ganz
100 g grüne Nüsse, in Scheiben geschnitten (siehe Seite 63)
½ TL Macis
2 Aprikosenkerne
3 Nelken
¼ Zimtstange
140 g Zucker
1 l Grappa
einige Tropfen grüne Lebensmittelfarbe

Die Nussschalen (ohne die Nüsse) mit den übrigen Zutaten mischen und rund 14 Tage ziehen lassen, dabei jeden Tag einmal gut durchschütteln. Filtrieren, leicht einfärben und in Flaschen abfüllen.

Früchte und Wurzeln dienten vor allem in Krisen- und Kriegszeiten als Kaffee-Ersatz. Dafür eignen sich die Früchte der Eberesche, die geschälten Früchte der Eiche oder die in kleine Stücke geschnittenen Wurzeln des Löwenzahns. Löwenzahnwurzeln sollten im August gestochen werden, da sie zu dieser Zeit am meisten Wirkstoffe besitzen.

Eichelkaffee mit Orangenaroma

Ergibt 600 Milliliter

½ l ungesüßter, heißer, starker Eichelkaffee
Zucker nach Bedarf
100 ml Weinbrand
1 Orange, Schale fein abgerieben
Schlagrahm
Schokoladenpulver, ungesüßt

Den Eichelkaffee durch ein Sieb gießen, nach Geschmack süßen und etwa zu drei Vierteln in vorgewärmte Mokkatassen füllen. Den Weinbrand in die Tassen verteilen. Mit der abgeriebenen Orangenschale bestreuen und mit Schlagrahm bedecken. Schokoladenpulver darüberstreuen und sofort servieren.

Eichelkaffeelikör

Ergibt 1½ Liter

½ l Weingeist (96 Vol.-%)
1 l starker Eichelkaffee
2 Esslöffel Schokoladenpulver, ungesüßt
220 g Zucker

Alle Zutaten gut miteinander vermischen, bis sich der Zucker aufgelöst hat. In einem verschließbaren

Glas 3 Monate im Kühlschrank ruhen lassen. Dann durch ein gebrühtes Tuch passieren, in Flaschen abfüllen und verschließen. Kalt servieren.

Ebereschen- und Löwenzahnwurzelkaffee*

Das Röstgut in einem emaillierten Gefäß in einer Teflonpfanne oder auf einem Teflonblech im 200 Grad 15–20 Minuten rösten. Von Zeit zu Zeit rühren, so dass die Röstung langsam und gleichmäßig erfolgt. Die gerösteten Früchte oder Wurzeln gut auskühlen und trocknen lassen und in hermetisch verschlossenen Dosen aufbewahren. Bei Bedarf mahlen und wie Bohnenkaffee aufbrühen.

Eichelkaffee*

Frisch gesammelte reife Eicheln aus den becherartigen Hüllen ausbrechen und schälen. Die Eicheln in eine weite Kasserolle oder in einen Bräter geben und zugedeckt im Ofen bei 200 Grad unter häufigem Wenden rösten, bis sie dunkelbraun und trocken sind. Nach dem Erkalten in Dosen abfüllen.
Oder die Eicheln mehrmals wässern, dabei die obenauf schwimmenden Früchte entfernen. Die Eicheln trocknen, auf einem Backblech ausbreiten und bei 200 Grad im Backofen rösten, bis sich die Schalen leicht entfernen lassen. Die geschälten Eicheln fein zerschneiden und ein- bis zweimal mit heißem Wasser überbrühen, das man jedes Mal mit den Eicheln erkalten lässt. Danach im Ofen bei 200 Grad rösten. Abkühlen lassen und in Dosen verschlossen aufbewahren.
Nach Bedarf in der Kaffeemühle mahlen und wie Bohnenkaffee aufbrühen. Eichelkaffee muss etwas länger ziehen als Bohnenkaffee.

Tipps:
Eignet sich auch anstelle von Bohnenkaffee für verschiedene Kaffeesüßspeisen.
Für **Eichel-Milchkaffee** 1 Liter Milch aufkochen, 3–4 Esslöffel gemahlenen Eichelkaffee dazugeben und 5–7 Minuten ziehen lassen. Durch ein feines Sieb gießen. Warm oder kalt genießen. Schmeckt kalt auch sehr gut mit zusätzlich 2 Esslöffel ungesüßtem Schokoladenpulver.

Die Pastinake ist eine Verwandte der Petersilienwurzel. Die weißen, schlanken Wurzeln schmecken leicht nussartig nach Karotten und Sellerie, mit Petersilie als Grundton; ihren vollen Geschmack entfalten sie erst nach dem ersten Frost.

Pastinakenwein

Ergibt 4½ Liter

1 kg Pastinaken, geputzt und fein geraffelt
3 l Wasser
500 g Sultaninen, gehackt
300 ml heißer, starker Schwarztee
3 Orangen, Saft
3 Zitronen, Saft
2 Teelöffel Weinhefe, in etwas lauwarmem Wasser aufgelöst
Hefenährsalz
1,25 kg Zucker
4 reife Bananen

Die Sultaninen in ein großes Gärgefäß geben.
Die geraffelten Pastinaken mit dem Wasser zum Kochen bringen und 15 Minuten leicht köcheln lassen. Die Flüssigkeit noch sehr heiß durch ein Sieb in das Gärgefäß gießen. Abkühlen lassen, dann Schwarztee, Orangen- und Zitronensaft, Hefe und Hefenährsalz hinzufügen. Das Gärgefäß mit Klarsichtfolie abdecken und die Folie mit Küchengarn festbinden oder einen gut schließenden Deckel auflegen; die Maische 5 Tage an der Wärme gären lassen, dabei täglich umrühren.
Die halbe Menge Zucker in 1¼ Liter Wasser geben, aufkochen, dann abkühlen lassen. Den Zuckersirup in das Gärgefäß gießen. Das Gefäß wie vorher abdecken und die Maische nochmals 5 Tage gären lassen; dabei täglich umrühren.
Ein Sieb mit einer doppelten Lage feuchtem Nesseltuch auslegen und die Maische in das Sieb gießen. Die Kante des Tuchs fassen, zusammendrehen und den Saft aus der Maische auspressen. Das Gärgefäß säubern und den passierten Wein wieder hineingießen.
Den restlichen Zucker mit 400 ml Wasser verrühren und 2 Minuten kochen lassen. Die Bananen schälen und zerdrücken, mit 600 ml Wasser in einen Kochtopf geben, kurz aufkochen. Den Zuckersirup und die Bananenmischung abkühlen lassen und zum Wein geben. Das Gefäß wie vorher abdecken und die Maische wiederum an der Wärme 5 Tage gären lassen.
Das Sieb wiederum mit einer doppelten Lage feuchtem Nesseltuch auslegen und den Wein langsam in das Sieb gießen. Dabei sollten die Trübstoffe möglichst im Gärgefäß zurückbleiben. Den passierten Wein in einen 4½ Liter fassenden Glasballon gießen, falls nötig bis zum Halsansatz mit abgekochtem, abgekühltem Wasser auffüllen. Einen Gärverschluss aufsetzen und den Wein 2 Monate an einem kühlen Ort ruhen lassen, bis die Gärung beendet ist. Den Pastinakenwein in Flaschen abziehen und weitere 2 Monate lagern.

Tipps:
2–3 mit dem Schwarztee beigegebene Zweige Estragontagetes geben einen herrlich würzigen Geschmack.

Pastinakenwein eignet sich als Aperitif, für zwischendurch oder zu Weiß- und Blauschimmelkäse.

Feigensaft mit Portwein

Für 4 Personen

10 frische Feigen
2 Esslöffel Honig
4 Orangen, Saft
3 Zitronen, Saft
150 ml roter Portwein
3 Esslöffel Crushed Ice

Von den Feigen den Ansatz wegschneiden, die Früchte schälen und in Achtel schneiden. Zusammen mit allen übrigen Zutaten bis auf das Crushed Ice in eine flache Schüssel geben und gut verrühren. Zugedeckt 2–3 Stunden im Kühlschrank ziehen lassen. Dann zusammen mit dem Crushed Ice in den Mixer geben und fein mixen. Durch ein Sieb seihen und in Gläsern servieren.

Tipp:
Schmeckt auch ausgezeichnet mit Eierlikör versetzt.

Feigenfruchtlikör

Ergibt 1 Liter

350 g frische, vollreife Feigen, klein geschnitten
150 g Kandiszucker
2 Zweige frischer Estragon
1 l Himbeergeist

Alle Zutaten in einem passenden Gefäß gut vermischt 8–10 Tage ziehen lassen. Filtrieren und in Flaschen abfüllen.

November

Das Geburtstagsgetränk des Skorpions
24. Oktober bis 22. November

Skorpion-Geborene verlangen viel vom Leben, sind ständig in Bewegung und haben immer mehrere Eisen im Feuer. Sie packen die Probleme an der Wurzel und meistern auch die heikelsten Situationen. Skorpione sind sehr feinfühlig und empfindsam. Sie schätzen ein ausgeglichenes Privatleben, das ihnen Sicherheit, Geborgenheit und Selbstvertrauen gibt und so hilft, ihre äussere Unruhe zu bezwingen. Fühlen sie sich verstanden und unterstützt, sind sie zu großen Taten fähig. Ein Skorpion wird Sie bei einer Einladung mit noch nie gesehenen Speisen und Getränken überraschen. Er liebt Weine und freut sich, diese Schätze mit Ihnen zu teilen.

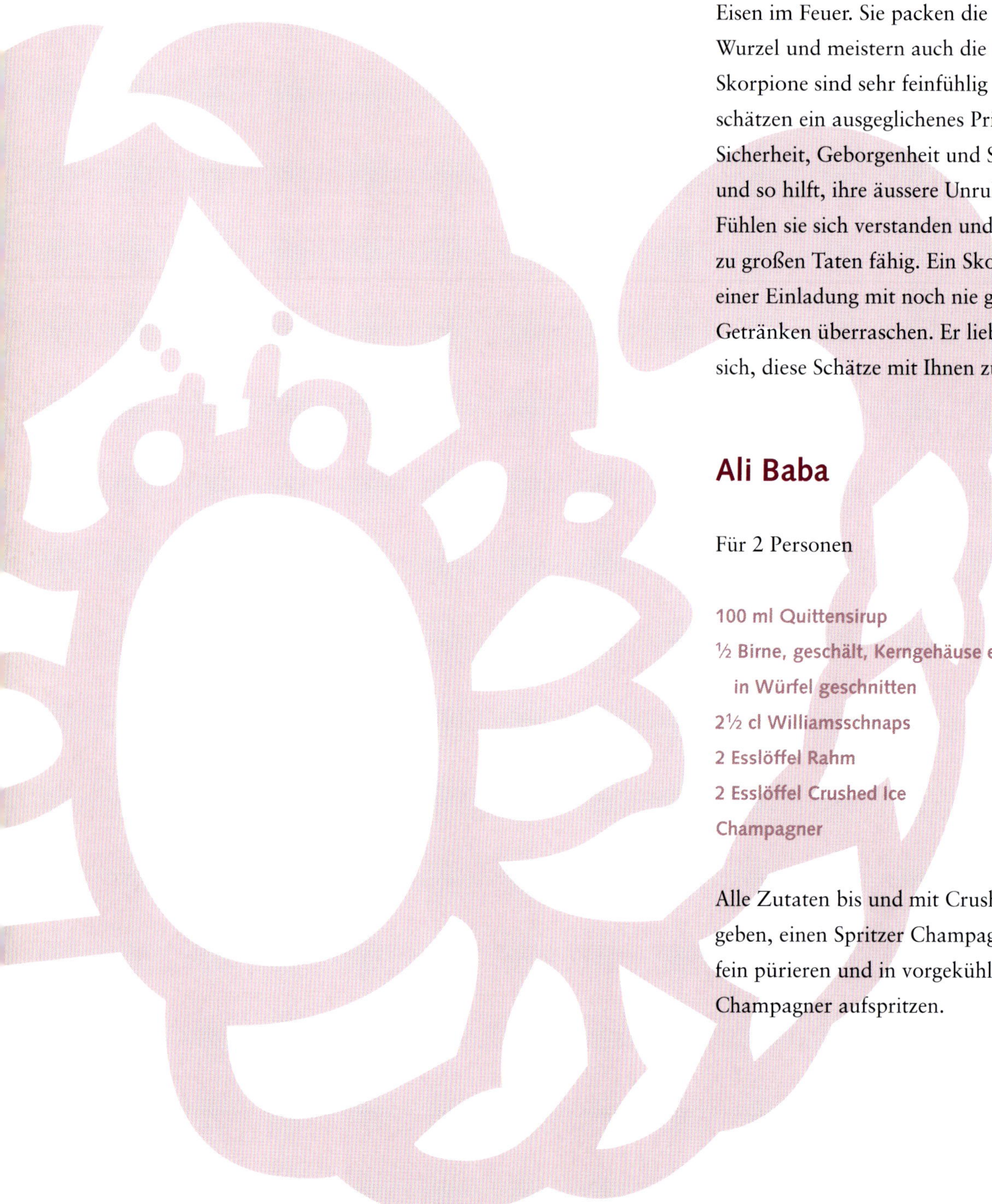

Ali Baba

Für 2 Personen

100 ml Quittensirup
½ Birne, geschält, Kerngehäuse entfernt, in Würfel geschnitten
2½ cl Williamsschnaps
2 Esslöffel Rahm
2 Esslöffel Crushed Ice
Champagner

Alle Zutaten bis und mit Crushed Ice in den Mixer geben, einen Spritzer Champagner beifügen, alles fein pürieren und in vorgekühlte Gläser füllen. Mit Champagner aufspritzen.

Kürbis-Birnen-Drink*

Für 4 Personen, ergibt 1 Liter

450 g Birnen, geschält, entkernt, gewürfelt
250 Kürbis, geschält, fein gerieben
1 Esslöffel Honig
300 ml Birnensaft
300 ml Buttermilch

Alle Zutaten im Mixer fein pürieren. In Gläser füllen und mit Mineralwasser nach Belieben aufgespritzt sofort servieren.

Kürbis-Orangen-Milchdrink mit Ingwer*

Für 4 Personen, ergibt 1 Liter

400 g fein geriebener Kürbis
400 ml frisch gepresster Orangensaft
400 ml Magermilch
1 Messerspitze Ingwerpulver

Alle Zutaten im Mixer fein pürieren. In Gläser verteilen und sofort servieren.

Birnen-Pastinaken-Drink*

Für 4 Personen, ergibt 1 Liter

400 g Birnen, geschält, entkernt, gewürfelt
250 g rohe Pastinaken, geschält, fein gerieben
300 ml Birnen- oder Apfelsaft
300 ml Mineralwasser

Alle Zutaten bis und mit Saft im Mixer fein pürieren, in Gläser verteilen, mit Mineralwasser auffüllen und sofort servieren.

Pastinaken-Kürbis-Drink mit Nüssen*

Für 4 Personen, ergibt 1 Liter

150 g Pastinaken, geschält, fein gerieben
200 g Kürbis, geschält, fein gerieben
400 g Birnen, geschält, entkernt, gewürfelt
2 Esslöffel Birnendicksaft
2 Esslöffel gemahlene Walnüsse
600 ml Magermilch

Alle Zutaten im Mixer fein pürieren. In Gläser verteilen und sofort servieren.

Kürbis-Chicorée-Quitten-Drink

Für 4 Personen

400 g Kürbis, geschält, fein gerieben
120 g Chicorée, halbiert, Strunk entfernt, in feine Streifen geschnitten
300 ml Orangensaft
300 ml Quittensaft
200 ml Magermilch

Alle Zutaten in den Mixer geben und fein pürieren. In 4 Gläser verteilen.

Tipp:
Mit gezupften Parakresseblüten oder schwarzem Pfeffer aus der Mühle bestreuen.

Karotten-Sellerie-Birnen-Drink*

Für 4 Personen, ergibt 1 Liter

450 g Birnen (Gute Luise), geschält, entkernt, gewürfelt
150 g Karotten, geschält, fein gerieben
100 g Sellerie, geschält, fein gerieben
1 Esslöffel Honig
300 ml Birnensaft
300 ml Mineralwasser

Alle Zutaten bis und mit Saft im Mixer fein pürieren, in Gläser verteilen, mit Mineralwasser auffüllen und sofort servieren.

Tipps:
Gezupfte Parakresseblüten darauf streuen oder mit etwas schwarzem Pfeffer aus der Mühle und Worcestershiresauce servieren.

Birnen-Apfel-Randen-Drink*

Für 4 Personen, ergibt 1 Liter

250 g Birnen (Gute Luise), geschält, entkernt, gewürfelt
200 g Äpfel (Gala, Maigold), geschält, entkernt, gewürfelt
200 g rohe Randen (Rote Bete), geschält, fein gerieben
300 ml Apfelsaft
300 ml Mineralwasser

Alle Zutaten bis und mit Apfelsaft im Mixer fein pürieren, in Gläser verteilen, mit Mineralwasser auffüllen und sofort servieren.

Der Sturm zerrt an den letzten Blättern am Baum, tief hängen die Regenwolken. Es ist November! In diesen Tagen gehen meine Gedanken oft zurück in die Zeit meiner Kindheit. Stolz präsentierte mein Vater dann die geernteten Früchte, die im Keller lagerten. Der Raum war erfüllt von herrlichen Düften und Aromen ...

Roher Birnen-Randen-Saft

Ergibt 2½–3 Liter

2,5 kg reife Birnen, geschält, entkernt, in große Stücke geschnitten
300 g gekochte Randen (Rote Bete), geschält, in Stücke geschnitten
1 kg Zucker
100 ml Sauerrahm (saure Sahne)
Petersilienblätter

Birnen und Randen durch den elektrischen Entsafter treiben. Den Saft mit dem Zucker verrühren, bis dieser vollständig aufgelöst ist, dabei etwas Wasser (300 ml) beigeben und nur auf mittlerer Stufe arbeiten; der Saft soll beim Mixen nicht schäumen. Den fertigen naturtrüben Saft in Gläser abfüllen, mit dem Sauerrahm beträufeln und mit einem Petersilienblatt dekorieren.

Tipp:
Anstelle einer Suppe serviert, nehmen Sie nur 600 g Zucker und mahlen zuletzt frischen schwarzen Pfeffer darüber.

Baileys-Likör

Ergibt 2 Liter

1 l Rahm
400 g Zucker
1 Päckchen Vanillezucker
¼ l starker Kaffee
¼ l Weingeist
¼ l Whisky oder Rum

Den Rahm mit Zucker und Vanillezucker aufkochen. Den Kaffee dazugeben, zudecken und erkalten lassen. Weingeist und Whisky daruntermischen und in Flaschen abfüllen.

Kakaolikör

Ergibt 2½ Liter

100 g Kakaopulver
15 g Vanillezucker
800 ml Weingeist (aus der Apotheke)
550 ml destilliertes Wasser
1,3 kg Zucker
550 ml Wasser

Kakaopulver, Vanillezucker, Weingeist und das destillierte Wasser gut verrühren, in eine Flasche füllen und 10 Tage an einem nicht zu warmen Ort stehen lassen. Ab und zu gut durchschütteln. Den Zucker mit dem Wasser aufkochen, 5 Minuten köcheln, dann abkühlen lassen. Zur Kakaomischung geben, filtrieren, in Flaschen abfüllen und etwa 40 Tage ruhen lassen.

Tipps:
Passt sehr gut zum Parfümieren von Birnen- oder Bananendesserts.
Versuchen Sie ihn auch einmal zu einem Cappuccino!

Kakao-Ratafia

Ergibt 1¼ Liter

200 g Kakaobohnen, geröstet, grob gehackt
2 Vanilleschoten, der Länge nach halbiert
1 Orange, Schale dünn abgeschält
⅓ Zimtstange
150 g Zucker
100 ml Wasser
1 l Cognac

Die Kakaobohnen mit Vanilleschoten, Orangenschale und Zimtstange in ein Gefäß geben. Zucker und Wasser aufkochen und erkalten lassen, mit dem Cognac mischen und zu den Kakaobohnen geben. Im verschlossenen Gefäß 14 Tage an mässiger Wärme ziehen lassen. Filtrieren, in Flaschen abfüllen, verschließen und 1 Monat ruhen lassen.

Tipp:
Ein paar Tropfen davon schmecken ausgezeichnet zu Orangensalat.

Kaffeelikör

Ergibt 1¼ Liter

200 ml gezuckerte Kondensmilch
80 g löslicher Kaffee
150 g Zucker
1 Vanilleschote, der Länge nach halbiert
1 l Cognac

Die Kondensmilch kurz mit dem Kaffeepulver erwärmen. Den Zucker leicht karamellisieren, etwas auskühlen lassen, die Kaffeemischung dazugeben und

aufkochen, bis sich der Zucker aufgelöst hat. Die Vanilleschote beigeben und auskühlen lassen. Den Cognac beifügen und 8–10 Tage ziehen lassen. Das Vanillemark aus der Schote kratzen und zum Likör geben, die Schote entfernen. Gut durchrühren, in Flaschen abfüllen und verschließen.

Eiercognac

Ergibt 1½ Liter

150 g Zucker
10 Eigelb
200 ml gezuckerte Kondensmilch
1 l Cognac (40 Vol.-%)

Den Zucker und die Eigelbe in einer Schüssel schaumig schlagen, die Kondensmilch dazugeben. Unter stetem Rühren langsam den Cognac hinzufügen und weiterrühren. In Flaschen abfüllen und 3–5 Tage im Kühlschrank ziehen lassen. Vor Gebrauch gut schütteln und kalt servieren.

Damenlikör

Ergibt 1½ Liter

1½ l Arrak
180 g Zucker
2 Zitronen, Schale dünn abgeschält
2 g Galgant
2 g Ingwerwurzel
2 g Krauseminze
1 g Macis
1 g Melisse
1 g Muskatnuss, gemahlen
1 g Salbei
2 g Selleriesamen
1 Vanilleschote, der Länge nach aufgeschnitten
1 g Zimt
2 g/ml Orangenblütenöl
2 g/ml Zitronenöl
5 cl Himbeersirup

Den Arrak mit dem Zucker gut verrühren. Sämtliche Gewürze dazugeben und alles verschlossen 8 Tage ziehen lassen. Filtrieren, die Zitrusöle und den Himbeersirup dazumischen, gut umrühren, in Flaschen abfüllen und verkorken.

Schokoladencremelikör

Ergibt 1¼ Liter

65 g Kakaopulver
150 g Puderzucker
2 Tassen Espresso
1 Vanilleschote, der Länge nach halbiert
1 l Weinbrand

Kakaopulver, Puderzucker und Espresso gut verrühren, bis sich alles aufgelöst hat. Zusammen mit der Vanilleschote und dem Weinbrand in ein Gefäß geben, umrühren und 8 Tage ziehen lassen. Jeden Tag einmal gut durchrühren. Abseihen und in Flaschen abfüllen. Vor Gebrauch jeweils gut schütteln.

Tipp:
Passt ausgezeichnet zum Espresso oder über Schokoladeneis geträufelt.

Bitterlikör

Ergibt 1 Liter

3 unbehandelte Zitronen, abgeriebene Schale
3 unbehandelte Orangen, abgeriebene Schale
2 g Angelikawurzel
½ Zimtstange
1 Nelke
1 Lorbeerblatt
3 Wacholderbeeren
1 g Hopfen
1 Vanilleschote, der Länge nach halbiert
140 g Zucker
1 l Kirschwasser (41 Vol.-%)

Alle Zutaten in eine Flasche geben, gut durchschütteln und 10 Tage bei mäßiger Wärme stehen lassen, dabei täglich ein- bis zweimal gut durchschütteln. Durch ein Tuch passieren, in Flaschen abfüllen und 1 Monat ruhen lassen.

Giftwasser

Ergibt 1 Liter

1 l Gin
2 g Anis
2 g Angelikawurzel
1 g Baldrian
1,5 g Bitterklee
1,5 g Kalmus
2 Zitronen, Schale
1 g Enzian
2 g Fenchel
2 g Minze
2 g Lavendel
2 g Macis
1 g Pimpinelle
3 g Rosmarin
1 g Zimt
einige Tropfen grüne Lebensmittelfarbe

Den Gin mit sämtlichen Gewürzen ansetzen und 3 Wochen ziehen lassen. Filtrieren, mit einigen Tropfen Lebensmittelfarbe einfärben und in Flaschen abfüllen.

Dezember

Das Geburtstagsgetränk des Schützen
23. November bis 21. Dezember

Der Schütze gehört zu den Idealisten. Er ist ein Wanderer und Abenteurer, ein Erforscher und Entdecker – sei es der konkreten oder der geistigen Welten. Nichts ist für ihn undenkbar, alles erscheint ihm möglich und nachvollziehbar. Der Schütze liebt es, einen Keller mit köstlichen Weinen und Spirituosen zu besitzen. Er ist ein ausgesprochener Liebhaber von Süßigkeiten. Gerne lässt er sich in exotische Stimmungen versetzen oder schwelgt in der Erinnerung an vergangene Reisen.

Des Schützen Traum

Für 4 Personen

1 reife Mango
3 cl Zitronensaft (von ca. 2 Zitronen), frisch gepresst
200 ml Mangosirup
5 cl Zuckersirup (siehe Glossar)
1 Flasche Champagner brut, kalt
5 Esslöffel Crushed Ice

Die Mango schälen, das Fruchtfleisch vom Kern schneiden und zerkleinern. Mit Zitronensaft, Mangosirup, Zuckersirup, einem Schuss Champagner und Crushed Ice im Mixer gut durchmixen. In vorgekühlte Gläser füllen und mit gekühltem Champagner auffüllen.

Am Barbaratag, dem 4. Dezember, schnitt mein Vater immer Zweige von den Obstbäumen, vor allem von den Kirschbäumen. Die Zweige wurden über Nacht in kaltes Wasser eingelegt und dann an einem hellen, nicht zu trockenen Ort eingestellt. Und an Heiligabend war das Wunder geschehen: Die Zweige standen in voller Blütenpracht.

Barbara Flower

Für 2 Personen

20 entsteinte, eingemachte rote Herzkirschen
6 Esslöffel Sirup von den Herzkirschen
1 Zitronen, Saft
5 cl Kirschlikör
2 Esslöffel Crushed Ice
3/8 Flasche Champagner

Alle Zutaten bis und mit Crushed Ice fein mixen. In vorgekühlte Gläser gießen und mit dem gekühlten Champagner auffüllen.

Selbstgemachte Liköre wie die folgenden eignen sich sehr gut als ganz persönliche Geschenke für Freunde und Bekannte.

Gewürznelkenlikör

Ergibt 600 Milliliter

700 ml Weinbrand
80 g Zucker
1 Esslöffel (6 g) Nelken
20 g Koriander, ganz
12 getrocknete, entsteinte Zwetschgen

Weinbrand und Zucker verrühren, bis sich der Zucker aufgelöst hat. Nelken und Koriander im Mörser zerkleinern. Gewürze und Zwetschgen zum Weinbrand geben und alles zugedeckt 8 Tage an einem kühlen Ort ziehen lassen. Durch ein Passiertuch seihen und in Flaschen abfüllen.

Tipp:
Die Likörzwetschgen zum Kaffee oder zu einem Vanilleeis servieren. Oder in flüssige Schokolade tauchen und erkalten lassen.

Zimtlikör

Ergibt 600 Milliliter

700 ml Obstbranntwein
90 g Zucker
2 Zimtstangen, zerstoßen
15–20 getrocknete Apfelschnitze

Den Obstbranntwein mit dem Zucker verrühren, bis sich der Zucker aufgelöst hat. Zimt und Apfelviertel dazugeben und alles zugedeckt 8 Tage an einem kühlen Ort ziehen lassen. Durch ein Passiertuch seihen und in Flaschen abfüllen.

Limonenschnaps

Ergibt 800 Milliliter

3 Limonen, Saft und hauchdünn abgeschälte Schale
700 ml Arrak
100 ml Zuckersirup (siehe Glossar)

Limonensaft und -schale mit dem Arrak und dem Zuckersirup in eine Flasche geben. Fest verschließen und 5 Minuten von Hand kräftig schütteln. Dann liegend 24 Stunden im Kühlschrank ruhen lassen. Filtrieren und in eine saubere Flasche abfüllen. Eisgekühlt aus gekühlten Gläsern genießen.

Gewürzlikör

Ergibt 1½ Liter

1½ l Branntwein
220 g Zucker
je 5 g Fenchelsamen, Anissamen und Wacholderbeeren, zerstoßen
1 kleine Zimtstange, zerstoßen
6–7 Gewürznelken
8 Datteln, ohne Stein
12 getrocknete Feigen

Zubereitung wie beim Zimtlikör.

Tipp:
Die Feigen und Datteln (ohne die Gewürze) unter einen exotischen Fruchtsaft mischen.

Bittermandellikör

Ergibt 1 Liter

2 Zitronen, Schale dünn abgeschält
½ TL gemahlene Macisblüte
4 Bittermandeln, grob geschnitten
1 Bitterorange (Pomeranze), abgeriebene Schale
1 Messerspitze gemahlene Veilchenwurzel
½ Zimtstange
1 l Zwetschgenwasser
150 g Zucker

Alle Zutaten mischen und gut verrühren, bis sich der Zucker aufgelöst hat. 5 Tage gut verschlossen an ei-

nem kühlen Ort stehen lassen. Durch ein Passiertuch seihen und in Flaschen abfüllen. Kühl servieren.

Tipp:
Auch ausgezeichnet zum Parfümieren von Fruchtsalat, Melonencocktail und Mixgetränken.

Mandarinenbowle

Zu St. Nikolaus

Für 6 Personen

6 Mandarinen, kalt abgespült und gut abgetrocknet
200 g Zucker
300 ml Mandarinensaft, frisch gepresst
100 ml Malaga
100 ml Kirschwasser
150 ml Curaçao oder Grand Marnier
1 Flasche Weißwein
1 Flasche Champagner oder Sekt
300 ml Mineralwasser mit Kohlensäure

Die Mandarinen samt Schale in dünne Scheiben schneiden, die Kerne entfernen. Den Boden einer Bowlenschüssel gleichmäßig mit den Mandarinenscheiben auslegen, mit dem Zucker bestreuen, Mandarinensaft, Malaga, Kirschwasser und Curaçao darübergießen und alles 20–30 Minuten an einem kühlen Ort zugedeckt stehen lassen. Kurz vor dem Servieren den gekühlten Weißwein dazugeben, umrühren und zuletzt mit Champagner und Mineralwasser aufgießen. In vorgekühlten Bowlen- oder Sektschalen servieren.

Tipp:
Für eine Orangenbowle 2–3 Orangen und 300 ml Orangensaft nehmen.
Einen St.-Nikolaus-Lebkuchen dazu reichen.

Adams Apfelmix*

Ergibt 1½ Liter

1 l Milch
500 g Äpfel (Granny Smith), geschält, entkernt, klein gewürfelt
200 g Zucker
4 Esslöffel Crushed Ice
1 Limette, Saft
etwas Zimtpulver

Die Milch mit Äpfeln, Zucker und Crushed Ice im Mixer gut durchmixen, dann den Limettensaft dazugeben und kurz weitermixen. In hohe Gläser füllen, mit etwas Zimtpulver bestreuen und mit Trinkhalm servieren.

Tipp:
Statt den Äpfeln 300 g Bananen nehmen.

Ananas-Ratafia

Ergibt 3¼ Liter

1 kleine vollreife Ananas, Blattansatz entfernt
3 l Obstbranntwein
420 g Zucker
2 Vanilleschoten, der Länge nach halbiert

Die Ananas ungeschält in Stücke schneiden. Den Obstbranntwein mit dem Zucker gut verrühren, bis sich der Zucker aufgelöst hat. Alle Zutaten vermischen, in ein passendes Gefäß geben und zugedeckt 5–6 Tage bei mäßiger Wärme ziehen lassen. Durch ein Passiertuch abseihen und in Flaschen abfüllen. Kühl servieren.

Ananas-Wein-Sirup

Ergibt 5 Liter

1 kg geschälte vollreife Ananas
1 l kräftiger Weißwein
1 l Wasser
3 kg Zucker
2 l Wasser

Die Ananas in feine Scheiben schneiden, in einem Topf mit Weißwein und 1 l Wasser übergießen und 3 Tage bei mäßiger Wärme zugedeckt stehen lassen. Den Zucker mit 2 l Wasser aufkochen, zuletzt die Ananas-Wein-Mischung dazugeben und alles nochmals aufkochen. Durch ein Passiertuch abseihen, nochmals kurz aufkochen, in heiß ausgespülte Flaschen abfüllen und verschließen. Der Sirup ist kühl aufbewahrt 1 Jahr haltbar.

Tipps:
Den Sirup mit Mineralwasser oder Champagner aufspritzen und mit Eiswürfeln servieren.

Dattel-Ratafia

Ergibt 1¼ Liter

350 g entsteinte getrocknete Datteln, fein geschnitten
120 g Kandiszucker
½ Vanilleschote, der Länge nach halbiert
100 ml kräftiger Rotwein
1 l Rum (41 Vol.-%)

Alle Zutaten in ein Gefäß geben, gut durchrühren und 5 Tage zugedeckt ziehen lassen. Dann abpressen, filtrieren und in Flaschen abgefüllt 4–6 Wochen ruhen lassen.

Wassail-Bowle

Eine alte englische Weihnachtsbowle, die traditionell am Abend des 24. Dezember serviert wird.

Für 10 Personen

½ l Wasser
1 kleine Muskatnuss
2 Nelken
10 dünne Scheiben Ingwerpulver
½ Zimtstange
5 Korianderkörner
5 Kardamomkörner
1 Muskatblüte
4 Flaschen Weißwein
700 g Zucker
12 Eier
2 Boskopäpfel, Kerngehäuse ausgestochen

Das Wasser mit den Gewürzen aufkochen, 5 Minuten ziehen lassen und noch heiß durch ein Tuch seihen. Den Wein hinzufügen und unter ständigem Rühren vorsichtig erhitzen (nicht kochen!). Nach Geschmack süßen.
Die Eiweiße steif schlagen und zusammen mit den Eigelben in ein Bowlengefäß geben. Nach und nach das heiße Getränk darunterrühren und schaumig schlagen.
In der Zwischenzeit die Äpfel bei 220 Grad im Backofen etwa 30 Minuten schmoren lassen. Die Bratäpfel in Schnitze schneiden und mit der Bowle in Schalen servieren.

Tipp:
Statt Weißwein Portwein, Madeira oder Sherry verwenden.

Weihnachtspunsch

Für 6 Personen

1½ l Rotwein
180 g Zucker
3 Beutel Glühweinteemischung
2 Orangen (unbehandelt)
2 Zitronen (unbehandelt)
10 Würfel Zucker
60 g Rosinen, heiß abgespült, abgetropft
300 ml Aquavit
3–4 Esslöffel (30 g) gehobelte Mandeln, geröstet

Den Rotwein mit dem Zucker aufkochen, die Glühweinteebeutel dazugeben und 10 Minuten ziehen lassen. Die Schalen der Orangen und Zitronen mit den Zuckerwürfeln abreiben, die Früchte auspressen. Rosinen, Zucker und Aquavit mit dem Orangen- und Zitronensaft vermischen. Die Glühweinteebeutel entfernen, die Aquavitmischung zum Rotwein geben und kurz verrühren. Zuletzt mit den gerösteten Mandeln bestreuen. Heiß in Gläsern servieren.

Feuerzangenbowle

Ergibt 2½ Liter

2 l Rotwein
3 Orangen, Saft
1 Zitrone, Saft
5 Nelken
1 kleines Stück Zimtstange
½ Orange, Schale dünn abgeschält
1 kleiner Zuckerhut von 250 g (im Delikatessengeschäft erhältlich)
½ l Rum

Den Wein mit Orangen- und Zitronensaft erhitzen. Die Gewürze mit der Orangenschale in ein Gaze- oder Stoffsäckchen binden und in die Flüssigkeit hängen. Ein Drahtgitter oder Drahtsieb auf den Topf legen, den Zuckerhut daraufgeben, mit etwas Rum tränken und anzünden. Den Zucker wiederholt mit Rum begießen und diesen abbrennen lassen, bis der Zucker vollständig in den Topf getropft ist. Den Gewürzbeutel entfernen und den Topf auf ein Rechaud stellen. Die Bowle heiß in Gläsern servieren.

Tradition verpflichtet! Feuerzangenbowle: das Silvestergetränk. Statt auf eine Feuerzange, wie sie früher zum Umschichten der Kohle im Ofen verwendet wurde, können Sie den Zuckerhut auch auf einem Drahtgitter oder Drahtsieb über den Wein setzen.

Silvesterpunsch

Für 6 Personen

1 l Wasser
2 Zitronen, Schale und Saft
250 g Zucker
1 Flasche Rotwein
1 Flasche Weißwein
200 ml Arrak

Das Wasser mit Zitronenschale, Zitronensaft und Zucker aufkochen. Rot- und Weißwein dazugießen. Den Punsch (auf einem Rechaud) sanft erhitzen, aber nicht kochen lassen. Zum Schluss mit dem Arrak verfeinern und in Gläsern servieren.

Das Herstellen und Genießen von Punsch war in früheren Zeiten sehr beliebt, und manche Familie hatte ihr eigenes Rezept. Lassen Sie alte Traditionen aufleben, und laden Sie die Nachbarn zum Punsch ein!

Silvesterpunsch ohne Alkohol*

Für 4 Personen

½ l Apfelsaft
½ l Blutorangensaft (von 8–10 Orangen)
1 Esslöffel Zitronensaft
2 Esslöffel Honig
2 Beutel Glühweinteemischung

Apfelsaft und Orangensaft in einem Topf bis kurz vors Kochen bringen. Zitronensaft und Honig dazugeben und verrühren. Die Glühweinteebeutel dazugeben und 5 Minuten ziehen lassen. Die Teebeutel entfernen und den Punsch heiß in Gläsern servieren.

Eierbier-Punsch

Für 4 Personen

3 Eiweiß
4 Esslöffel Puderzucker
3 Eigelb
½ l Bier
½ Zitrone, Schale fein abgerieben
1 Muskatnuss

Die Eiweiße zu steifem Schnee schlagen. Den gesiebten Puderzucker darunterheben. Die Eigelbe hinzufügen. Das Bier mit der abgeriebenen Zitronenschale erhitzen, aber nicht kochen lassen. Sofort unter den Eischnee schlagen und in vorgewärmte Biergläser füllen. Mit etwas frisch geriebener Muskatnuss bestäuben.

Kirschpunsch

Für 6 Personen

2 l Rotwein
½ Zitrone, abgeriebene Schale
12 Nelken
1 Zimtstange
1 Vanilleschote, der Länge nach halbiert
4 Esslöffel Zucker
1 Glas Kirschen mit Saft (450–500 g)
200 ml Kirschwasser

In einem Topf alle Zutaten bis und mit Zucker langsam erhitzen und etwa 15 Minuten ziehen lassen – nicht kochen! In ein Punschgefäß abseihen, die Kirschen mit Saft sowie das Kirschwasser hinzufügen und sofort servieren.

Ingwerpunsch

Für 4 Personen

1 l Wasser
16 Maraschinokirschen, klein geschnitten
1 Esslöffel fein geriebener Ingwer
4 Esslöffel Maraschinosirup
4 Beutel Schwarztee
100 ml Weinbrand
4–5 Teelöffel Honig

Das Wasser mit Kirschen, Ingwer und Maraschinosirup aufkochen. Die Schwarzteebeutel dazugeben und 5 Minuten ziehen lassen. Die Teebeutel herausnehmen und den Weinbrand hinzufügen. Mit Honig süßen und in Gläsern servieren.

Noch mehr Punsch für kalte Tage – gut gegen Erkältungen!

Portweinpunsch

Für 4 Personen

½ l Portwein
½ Flasche Weißwein (350 ml)
¼ l Wasser
100 ml Rum
4 Esslöffel Zucker
1 Zitrone, in Scheiben geschnitten

Portwein und Weißwein erhitzen, aber nicht kochen. Das heiße Wasser, Rum und Zucker dazugeben, verrühren und mit Zitronenscheiben garniert in Gläsern servieren.

Gegen einen Kater helfen die altbewährten Hausrezepte: ein starker Espresso mit dem Saft einer halben Zitrone, die berühmte »Prärieauster« oder das folgende milde Getränk für »den Morgen danach«.

Pick me up gently*

Für 1 Person

2 Eiswürfel
½ Zitrone, Saft
2 Teelöffel Worcestershiresauce
Sodawasser

Eiswürfel, Zitronensaft und Worcestershiresauce in ein Longdrinkglas geben. Mit Sodawasser auffüllen und in kleinen Schlucken trinken.

Prairie Oyster*

Für 1 Person

½ Teelöffel Tomatenketchup
1 Esslöffel Worcestershiresauce
1 frisches Eigelb (ganz)
1 Prise Salz
Paprika
schwarzer Pfeffer aus der Mühle
etwas Estragonessig
1½ Esslöffel Olivenöl

Tomatenketchup und Worcestershiresauce in ein Cocktailglas geben, das Eigelb vorsichtig hineingleiten lassen. Mit Salz, Paprika und Pfeffer würzen, einige Tropfen Essig darüberträufeln und mit Olivenöl bedecken. Das Ganze in einem Satz trinken und mit einem Glas Wasser nachspülen.

Januar

Das Geburtstagsgetränk des Steinbocks
22. Dezember bis 20. Januar

Beim Steinbock heißt das oberste Gebot Planung und Sicherheit. Nichts überlässt er dem Zufall, stets bemüht er sich, die Dinge vorausblickend und ordnend zu lenken. Seine »Erdung« zeigt sich auch in seiner Verbundenheit mit der Natur und den Jahreszeiten. Steinböcke sind sehr häusliche Menschen, die besonders auch die Errungenschaften der Ess- und Trinkkultur pflegen und genießen. Sie schätzen kräftige und charaktervolle Gerichte und Getränke.

Wintergold

Für 2 Personen

- 100 ml Clementinensaft
- 100 ml Mandarinensaft
- 2 Limetten, Saft
- 5 cl Grand Marnier
- 1 Eiweiß
- 8 cl Gin
- 4–5 Eiswürfel

Alle Zutaten im Shaker kräftig schütteln. In vorgekühlte Champagnerschalen abseihen und servieren.

Seit dem Mittelalter ist es in Basel Tradition, am Neujahrstag mit einem Glas Hypokras anzustoßen, wobei jede Familie ihre eigene Mischung von Ingredienzien kennt. Den heilkräftigen Gewürzen, die vor Krankheiten schützen sollen, verdankt das Getränk seinen Namen, der auf den griechischen Arzt Hypokrates zurückgeht.

Hypokras

Für 15 Personen

3 Flaschen kräftiger Rotwein
2 Flaschen Weißwein
450 g Kandiszucker
5 Sternanis
5 Gewürznelken
3 Zimtstangen
¼ Muskatnuss, gerieben
12 Scheiben frische Ingwerwurzel, 2 mm dünn geschnitten, oder 1 Prise Ingwerpulver
je 1 Prise Koriander- und Kardamompulver
1 Zitrone, fein abgeriebene Schale
1 Orange, fein abgeriebene Schale

Rot- und Weißwein mit dem Zucker kurz aufkochen. Über die Würzzutaten gießen und verschlossen 2 Tage stehen lassen. Dann abseihen und in einer Karaffe servieren.

Januar: Die Tage sind kurz, die Nächte lang. Warum nicht Freunde, Nachbarn oder Verwandte zu einem Spielabend mit einem Punsch einladen?

Whiskypunsch

Für 4 Personen

300 g Zucker
½ l Wasser
4 Zitronen, abgeriebene Schale und Saft
½ l Whisky

Den Zucker mit dem kochenden Wasser übergießen und so lange rühren, bis er sich aufgelöst hat. Zitronenschale und -saft dazugeben und alles 10 Minuten an der Wärme ziehen lassen. Kurz vor dem Servieren aufkochen, den Whisky beigeben und sofort servieren.

Dreikönigspunsch

Ergibt 1 Liter

160 g Zucker
je 3 getrocknete Feigen und Datteln, entsteint und halbiert
1 Orange, mit der Schale geviertelt
1 Apfel, geviertelt
6 ganze Mandeln, geröstet
1 Zimtstange
3 Nelken
1 l kräftiger Rotwein
100 ml Weinbrand

Alle Zutaten bis und mit Nelken in einen Topf geben. Den Wein dazugießen, kurz aufkochen und zugedeckt 15 Minuten auf der Herdplatte ziehen lassen. Zuletzt den Weinbrand beifügen und den heißen Punsch durch ein Sieb in Tassen oder Gläser gießen.

Kaffeepunsch

Für 4 Personen

½ l starker Kaffee
½ Portwein
½ l Rum
300 g weißer Kandiszucker (nach Geschmack auch mehr)

Alle Zutaten unter ständigem Rühren vorsichtig erhitzen, nicht kochen! Sofort heiß servieren.

Damenkränzchen

Für 4–6 Personen

12 g russischer Rauchtee
1 Vanilleschote, der Länge nach halbiert
400 ml Wasser
3 Zitronen, Saft
2 Orangen, Saft
250–300 g Zucker
2 Flaschen kräftiger Rotwein

Den Tee und die Vanilleschote mit dem kochenden Wasser überbrühen, etwa 5 Minuten ziehen lassen, abgießen. Zitronen- und Orangensaft sowie Zucker beigeben und unter stetem Rühren langsam erhitzen, nicht kochen! Abseihen. Den Rotwein dazugießen und noch 5 Minuten knapp unter dem Siedepunkt halten. Heiß in Punschgläsern servieren.

Eierpunsch

Für 6 Personen

6 Eier
10 Eigelb
600 g Zucker
1 Flasche trockener Weißwein
1 l Wasser
½ Flasche Arrak
2 Orangen, Saft
2 Zitronen, Saft
1 Päckchen Vanillezucker

Eier, Eigelbe und Zucker über dem heißen Wasserbad zu einer weißen, schaumigen Creme schlagen. Wein, Wasser, Arrak, Orangen- und Zitronensaft sowie Vanillezucker mischen und auf den Siedepunkt erhitzen. Dann langsam unter ständigem Rühren über dem Wasserbad unter die Eiercreme mischen. Durchseihen und heiß servieren.

Blutorangenlikör

Ergibt 7 Liter

8 Blutorangen
1 Zitrone
5 l Rosé
1 l Kirschwasser (40 Vol.-%)
1 kg Würfelzucker
1 Vanilleschote, der Länge nach halbiert

Orangen und Zitrone in einen Topf mit kochendem Wasser geben, etwa 3 Minuten kochen lassen, dann sofort in Eiswasser abkühlen. (Dadurch werden sie weich und die Hefepilze auf der Schale entfernt.) Den Saft auspressen und zusammen mit den Schalen mit den übrigen Zutaten in ein glasiertes Steingutgefäß geben. Gut verrühren, bis sich der Zucker aufgelöst hat. Mit Alufolie oder Klarsichtfolie und einem Deckel luftdicht verschließen und an einem kühlen, dunklen Ort mindestens 30–35 Tage stehen lassen. Den Blutorangenlikör nochmals gut durchrühren, die Fruchtschalen und die Vanilleschote entfernen. Den Likörwein durch einen mit mehreren Lagen feuchtem Passiertuch ausgelegten Trichter in saubere Flaschen füllen und verkorken. Die Flaschen 10 Tage aufrecht an einem kühlen, dunklen Ort stehen lassen, bis sich alle Trübstoffe gesetzt haben. Den Blutorangenlikör vor dem Servieren sorgfältig in eine Karaffe dekantieren.

Tipp:
Passt ausgezeichnet zu einem exotischen Fruchtsalat oder zu Süßgebäck.

Großmutters Cognacmilch für Kranke

Für 1 Portion

1 Tasse Milch
1 TL Zucker für die Milch
1 Eigelb
1 Teelöffel feiner Zucker
1–2 Esslöffel Cognac
1 kleines Stück Zitronenschale

Milch und Zucker zusammen erhitzen. In der Zwischenzeit Eigelb und Zucker schaumig schlagen, den Cognac und die Zitronenschale beifügen und die heiße, mit dem Schneebesen aufgeschäumte Milch langsam darunterrühren. Die Zitronenschale entfernen und die Milch sofort in eine vorgewärmte Tasse gießen.

Schwarztee mit Cognac

Für 1 Portion

1 Portion guter Schwarztee
½ Zitrone, Saft
2 Teelöffel Zucker
2½–4 cl Cognac

Den frisch aufgebrühten, heißen Schwarztee in eine Tasse oder ein hitzebeständiges Glas geben. Zitronensaft und Zucker darunterrühren. Zuletzt den Cognac beifügen und heiß trinken.

Beredsamkeitspunsch

Für 8 Personen

15 g Rauchtee
1 l Wasser
1 kg Zucker
1 Vanilleschote, der Länge nach halbiert
15 g getrocknete Orangenblüten
1 Zitrone, dünn abgeschnittene Schale und Saft
6 Orangen, Saft
200 ml Maraschino oder Kirschwasser
2 Flaschen trockener Weißwein
2 Flaschen kräftiger Rotwein
300 ml Madeira
400 ml Arrak

Die Teeblätter mit ½ Liter kochendem Wasser überbrühen und 5 Minuten ziehen lassen, abgießen. Den

Zucker mit ½ Liter Wasser zu Sirup kochen, Vanilleschote, Orangenblüten sowie Zitronenschale und -saft beigeben und ziehen lassen, bis der Läuterzucker abgekühlt ist. Durchseihen und mit dem Tee mischen. Alle übrigen Zutaten dazugeben und langsam erhitzen, nicht kochen! Heiß servieren.

Erkältungsmilch

Für 1 Portion

⅛ l Milch
1 Esslöffel Honig
1 Eigelb
2 cl Rum

Die Milch erhitzen (nicht kochen) und den Honig einrühren. Das Eigelb schaumig schlagen, in die Milch einrühren und zuletzt den Rum beifügen. Heiß trinken und danach sofort ins Bett gehen. Gute Genesung!

Glühwein

Für 4 Portionen

1½ l kräftiger Rotwein
6–8 Esslöffel Zucker
1–2 Beutel Glühweingewürz (oder 8 Gewürznelken und 1 Zimtstange)
2 Zitronen, Saft
2 cl Cointreau oder Grand Marnier

Den Rotwein mit dem Zucker und dem Glühweingewürz langsam erhitzen. Die Beutel bzw. die Gewürze entfernen. Zitronensaft und Likör dazugeben und in Gläsern servieren.

Grog

Für 1 Portion

6 cl brauner Rum
2 Esslöffel Zucker
1 Zitrone, Saft
heißes, abgekochtes Wasser

Den Rum in ein hitzebeständiges Glas geben und mit dem Zucker verrühren. Den Zitronensaft hinzufügen und unter Umrühren mit heißem Wasser auffüllen.

Pharisäer

Für 2 Portionen

4 cl Rum
3 Esslöffel Zucker
½ l starker Kaffee
2 Esslöffel Schlagrahm

Den Rum leicht erwärmen, in eine Tasse gießen und mit dem Zucker gut verrühren. Mit heißem Kaffee auffüllen und ein Wölkchen leicht geschlagenen Rahm daraufsetzen.

Zitronenwasser*

In einem Glas 200 ml Wasser und 2–3 Kaffeelöffel Zucker verrühren, bis sich der Zucker aufgelöst hat. Dann so viel frisch gepressten Zitronensaft beigeben, bis das Getränk angenehm säuerlich ist.

Tipps:
Als wir Kinder waren, verabreichte uns Mutter dieses Getränk leicht erwärmt, wenn wir Fieber hatten oder nicht einschlafen konnten. Kalt serviert ist es auch an heißen Sommertagen eine Köstlichkeit.

Stärkungsdrink

Für 1¼ Litr

1 Flasche kräftiger Rotwein
350 g echter Bienenhonig

Wein und Honig mit einem Schneebesen gut verrühren. In Flaschen abfüllen und kühl lagern. Zweimal täglich vor dem Essen ein Glas davon einnehmen – wirkt besonders stärkend nach schweren Krankheiten oder Operationen.

Honiglimonade mit Mandarinen und Grapefruits*

Ergibt 2 Gläser

1 Grapefruit, Saft ausgepresst
4 Mandarinen, Saft ausgepresst
2 Kaffeelöffel Honig
200–300 ml Mineralwasser
2 Eiswürfel

Grapefruit- und Mandarinensaft vermischen und mit dem Honig süßen. Rühren, bis der Honig sich aufgelöst hat. In die Gläser je einen Eiswürfel geben, den Saft darüber verteilen und mit Mineralwasser auffüllen. Nach Belieben mit einem Trinkhalm servieren.

Tipp:
Schmeckt auch ausgezeichnet aufgespritzt mit Champagner oder Sekt anstelle von Mineralwasser.

Multivitaminsaft*

Ergibt 2 Liter

1 kg Äpfel, gewaschen, geviertelt, entstielt und entkernt
500 g Sellerie, gewaschen, ungeschält grob geschnitten
500 g Karotten, gewaschen, ungeschält grob geschnitten
2 Zitronen, Saft
4 Orangen, Saft

Das vorbereitete Obst und Gemüse durch den elektrischen Entsafter treiben und sofort mit dem Zitronen- und Orangensaft mischen. In kleine Plastikbecher füllen, luftdicht verschließen und sofort einfrieren. Am Abend vor dem Gebrauch aus dem Tiefkühler nehmen, im Kühlschrank auftauen lassen und morgens genießen.

Tipp:
Nach Wunsch noch etwas Honig zum Süßen beigeben.

Beruhigungslikör

Ergibt 2 Liter

1 Tasse getrocknetes Johanniskraut
½ Tasse Melisse
½ Tasse Rosmarin
½ Tasse Basilikum
½ Tasse Baldrianwurzel
3 Orangen, fein abgeriebene Schale
500 g Zucker
2 l Obstbranntwein (41 Vol.-%)

Alle Zutaten in ein Glasgefäß geben und gut verrühren, bis sich der Zucker aufgelöst hat. 3 Wochen verschlossen an einem kühlen Ort stehen lassen, dabei jeden Tag ein- bis zweimal durchschütteln. Durch ein Passiertuch filtrieren, in Flaschen abfüllen und etwa 3 Monate kühl und dunkel ruhen lassen.
Nach dem Essen oder vor dem Schlafengehen ein Gläschen davon einnehmen.

Zitronenlimonade*

Ergibt 3 Liter

1½ l Wasser
350 g Zucker
8 Zitronen, dünn abgeschälte und grob gehackte Schale sowie Saft
1 l Mineralwasser mit Kohlensäure
Eiswürfel

Das Wasser mit dem Zucker aufkochen und klar rühren. Zitronenschale und -saft zum abgekühlten Zuckersirup geben, gut vermischen und 2 Stunden an einem kühlen Ort ziehen lassen. Durch ein Passiertuch gießen und kühl stellen. Vor dem Servieren das Mineralwasser beifügen und mit Eiswürfeln servieren.

Tipp:
Statt mit Mineralwasser mit Champagner oder Sekt auffüllen.

Orangenlimonade*

Ergibt 3½ Liter

200 g Zucker, einschließlich 10 Würfelzucker
3 unbehandelte Zitronen, gewaschen
½ l Wasser
15 Orangen, 2 davon geschält und in dünne Scheiben geschnitten, Rest ausgepresst
2 l Mineralwasser mit Kohlensäure
Eiswürfel

Die Zuckerwürfel an der Zitronenschale abreiben, den Saft auspressen. Das Wasser erhitzen und Würfelzucker sowie Zucker darin auflösen. Den Zuckersirup erkalten lassen. Die Zitrussäfte dazugießen und gut umrühren. Im Kühlschrank sehr kalt werden lassen. Dann mit dem Mineralwasser aufgießen und mit Orangenscheiben als Garnitur und Eiswürfeln servieren.

Tipp:
Statt mit Mineralwasser mit Champagner oder Sekt auffüllen.

Eisenbitterlikör

Ergibt 1 Liter

5 g Eisenkraut
2 g Enzianwurzel
2 g Nelken
2 g gemahlene Muskatnuss
1 g Koriander
2 g Zimt
10 Rosinen
10 g Bitterorangenschale (Pomeranze)
2 Zitronen, Schale dünn abgeschält
180 g Zucker
1 l Obstbranntwein

Alle Zutaten gut vermischt etwa 10 Tage ziehen lassen, dann filtrieren und in Flaschen abfüllen.

Tipp:
Regt die Verdauung an.

Mütterchen Russland

Ergibt 600 Milliliter

1 Flasche Wodka (700 ml)
1 unbehandelte Zitrone, Schale
2 unbehandelte Orangen, Schale
200 g getrocknete Backpflaumen, entsteint, klein geschnitten
5 Zweiglein frische Pfefferminze oder 4 Beutel Pfefferminztee
1 Zimtstange
1 Vanilleschote, der Länge nach halbiert

Alle Zutaten mit dem Wodka in ein Einmachglas geben. Gut verschließen und an einem sonnigen Ort 7–8 Wochen ziehen lassen, dabei häufig gut schütteln. Filtrieren und in Flaschen abfüllen. Nach 14 Tagen nochmals filtrieren. Das Getränk gewinnt, wenn man es länger dunkel und kühl lagert.

Tipp:
Die eingelegten Backpflaumen mit etwas Zuckerwasser verrühren, jeweils 1–2 Esslöffel davon in Gläser geben und mit einer Weinschaumcreme servieren – schmeckt ausgezeichnet.

Februar

Das Geburtstagsgetränk des Wassermanns
21. Januar bis 18. Februar

Der Wassermann liebt die Freiheit, er ist gesellig und unterwirft sich keinen Zwängen. Er ist ein großzügiger Gastgeber und freut sich auf jedes noch so kleine Fest. Wie der bärtige Neptun in ihrem Sternzeichen wissen die Wassermänner jedem ihrer Freunde, der ihnen gewogen ist, auszuschenken. Und so gerne sie spendieren, so gerne halten sie sich selbst daran. Prost Wassermann!

Wassermanns Duett

Für 2 Personen

6 Kompottzwetschgen oder tiefgekühlte ohne Stein
5 cl Zwetschgeneinmachsirup
5 cl Zwetschgenwasser
2 Esslöffel Crushed Ice
3/8 l Champagner, gut gekühlt

Die Zwetschgen mit den übrigen Zutaten bis auf den Champagner im Mixer gut durchmixen. In vorgekühlte Champagnerkelche gießen und mit einem Schuss Champagner auffüllen.

14. Februar, Valentinstag. Sag es mit Blumen ...

La vie en rose

Für 2 Personen

5 cl Rosensirup
5 cl Rosenlikör (selbstgemacht oder fertig gekauft)
Rosé-Champagner
2 Orangen, dünn abgeschälte Schale
2 Zitronen, dünn abgeschälte Schale
2 kleine Rosenknospen, im Eiswürfelbehälter in wenig Wasser eingefroren

Rosensirup und Rosenlikör verrühren. In vorgekühlte Champagnerschalen gießen und mit Champagner auffüllen. Mit Orangen- und Zitronenschale abspritzen. In jedes Glas eine Eiswürfelrose geben.

Tipp:
Zum Abspritzen mit Zitrusfruchtschale ein Stück Schale zwischen Zeigefinger und Daumen über das Glas halten, leicht quetschen und dadurch die ätherischen Öle in das Glas spritzen.

Kümmellikör

Als Verdauungshilfe

Ergibt 1 Liter

70 g Kümmelsamen
100 g Kandiszucker
1 l Obstbranntwein (41 Vol.-%)

Alle Zutaten in ein Glasgefäß geben, gut verschließen und 10–14 Tage an die Sonne stellen. Von Zeit zu Zeit gut durchrühren. Anschließend durch einen Kaffeefilter abseihen und in Flaschen füllen.

Fenchellikör

Ergibt 1 Liter

70 g Fenchelsamen
1 kleiner halbierter Fenchel, fein geschnitten
1 l Obstbranntwein

Zubereitung wie beim Kümmellikör beschrieben.

Tipps:
Hilft wie der Kümmellikör zu verdauen.
Ein besonderes Geschmackserlebnis: ein Schuss Fenchellikör über eine Kugel Vanilleeis.
Apart: Den zurückbleibenden Fenchel fein pürieren und zu einem Fenchelparfait verarbeiten.

Russischer Klostergeist

Ergibt ¾ Liter

25 g Nelken
8 g gemahlene Muskatnuss
8 g Ingwerpulver
8 g Kümmel
8 g Sternanis
4 g Anis
50 g Rosinen
80 g weißer Kandiszucker
2 Limetten, dünn abgeschälte Schale
700 ml Wodka

Die Gewürze im Mörser zerstoßen. Mit den übrigen Zutaten in eine Flasche geben und den Wodka dazugießen. Gut verschlossen an einem warmen Ort 14 Tage stehen lassen, dabei täglich einmal schütteln. Weitere 3 Tage ruhen lassen, dann abgießen, filtrieren, in Flaschen abfüllen und 3 Monate ruhen lassen.

Mönchstinktur

Ein Rezept von den Benediktinern

Ergibt 1 Liter

1,6 g Enzianwurzel
0,4 g Nelken
1,2 g Zimt
1 g Pfefferminzblätter
1 g Krauseminze-Blätter
0,5 g Wermut
0,4 g Majoran
0,4 g Thymian
0,4 g Galgantwurzel
0,4 g Rhabarberwurzel
0,6 g Lavendelblüten
0,1 g Safran
400 ml Weingeist, mit 200 ml Wasser vermischt
360 g Zucker
240 ml Wasser

Alle Gewürze (mit Ausnahme von Lavendelblüten und Safran) in dem mit Wasser verdünnten Spiritus ziehen lassen. Nach 1 Stunde die Lavendelblüten und den Safran dazugeben und alles nochmals 15 Minuten ziehen lassen. In der Zwischenzeit Zucker und Wasser zu Sirup kochen und abgekühlt zur Kräutermischung gießen. Filtrieren, in Flaschen abfüllen und rund 3 Monate ruhen lassen.

Tipps:
Nach einem üppigen Essen oder vor dem Schlafengehen ein kleines Gläschen davon genießen.
Die Kräuter-Gewürz-Mischung vom Apotheker zusammenstellen lassen; Lavendelbüten und Safran separat halten.

Klosterkräuterlikör

Ergibt 2½ Liter

2 g Angelikawurzel
1 g Koriander
1 g Kardamom
1 g Oregano
1 g Quendel
2 g Piment
2 g Ingwer
2 g Pfefferminze
2 g Kamille
2 g Lindenblüten
3 g Fliederblüten
5 g Orangenschale, fein abgerieben
2 g Orangenblüten
3 g Zitronenschale, fein abgerieben
2 g Wacholderbeeren
2 g Kümmelsamen
15 g Anissamen
1 l reiner Alkohol, mit destilliertem Wasser auf 45 Vol.-% verdünnt
1,3 kg Zucker

Die Kräuter und Gewürze mit Alkohol und Zucker vermengen und gut rühren, bis sich der Zucker aufgelöst hat. In eine große Flasche gießen und 14 Tage an die Sonne stellen. Anschließend durch ein Passiertuch oder einen Kaffeefilter abseihen und in Flaschen abfüllen.

Tipp:
Die Gewürzmischung vom Apotheker zusammenstellen lassen.

**»Trink, Brüderlein, trink,
lass die Sorgen zu Haus ...«**

Lebenswasser

Ergibt 1 Liter

3,5 g Zimtstange, gebrochen
2,1 g Ingwerpulver
1,1 g Galantwurzel
1,1 g Nelken
0,4 g Pfefferschoten
0,4 g Muskatnuss, gerieben
0,2 g Safran
50 g Zucker
1 l Obstbranntwein (41 Vol.-%)

Alles zusammen 24 Stunden ziehen lassen, dann filtrieren, in Flaschen abfüllen und 1 Monat ruhen lassen.

Liebeslikör

Ergibt ¾ Liter

1 Vanilleschote, der Länge nach halbiert
150 g weißer Kandiszucker
50 g Karkade
3 Beutel Hagebuttentee
700 ml Williamsbirnenschnaps

Alle Zutaten in ein Glasgefäß geben, gut verschließen und etwa 14 Tage ziehen lassen. Jeden zweiten Tag kräftig durchschütteln. Den fertigen Likör durch ein Sieb gießen, in eine Flasche abfüllen und gut verschließen. Kühl servieren.

Ob Bauchweh oder Liebeskummer gegen alles ist ein Kraut gewachsen!

Ende des 13. Jahrhunderts gelang es dem Franziskanermönch Ramòn Llull und dem großen Alchimisten und Arzt Arnaud de Villeneuve, aus der Vereinigung der Elemente Feuer und Wasser Aqua ardens, gebranntes Wasser, herzustellen. Seinen arabischen Namen erhielt der Alkohol von Paracelsus, dem großen Arzt des Mittelalters.
Mit wärmenden typischen Wintergewürzen angesetzte Liköre sind nicht nur ein Genuss, sondern regen auch die Verdauungssäfte an. Die Gewürzmischungen können selbst hergestellt oder fixfertig in der Apotheke bestellt werden.

Absinth

Ergibt 1 Liter

70 g Anis
10 g Sternanis
60 g Fenchelsamen
8 g Koriander
2 g Angelikawurzel
5 g Süßholzwurzel
4 g Kalmuswurzel
15 g Wermut
4 g Pfefferminzblätter
4 g Kamille
2 g Wacholderbeeren
1 Tropfen Bittermandelöl
1 l Grappa

Sämtliche Zutaten mischen und rund 4 Wochen in einem Glasgefäß an einem warmen Ort verschlossen ziehen lassen. Danach filtrieren, in Flaschen abfüllen und 2 Monate ruhen lassen.

Tipps:

Nach Belieben pur oder mit einem Eiswürfel und mit eiskaltem Wasser verdünnt trinken.
Die Kräuter-Gewürz-Mischung vom Apotheker zusammenstellen lassen.

Winterkräuterlikör

Ergibt ¾ Liter

1 Teelöffel Fenchelsamen
1 Teelöffel Anissamen
1 Teelöffel Wacholderbeeren
1 Teelöffel Koriander
5 Gewürznelken
1 Zimtstange
½ Teelöffel Kümmel
180 g Kandiszucker
700 ml Kornbranntwein (38–40 Vol.-%)

Alle Zutaten in eine Flasche einfüllen. Gut verschlossen etwa 7 Wochen an die Sonne stellen, dabei öfter schütteln. Durch Filterpapier abseihen, zurück in die Flaschen geben und wieder verschließen. Kühl servieren.

Orangenlikör

Ergibt 1½ Liter

½ l Orangensaft, frisch gepresst
30 g hauchdünn abgeschälte Orangenschale (ohne weiße Haut)
125 g weißer Kandiszucker
1 Vanilleschote, längs halbiert
700 ml Obstbranntwein (41 Vol.-%)
200 ml weißer Wermut

Alle Zutaten in einem Glasgefäß mischen und gut verschlossen für 14 Tage an einen sonnigen Platz stellen, dabei jeden Tag ein- bis zweimal gut schütteln. Durch ein Papierfilter seihen, in Flaschen abfüllen und an einem kühlen Ort lagern. Kühl servieren.

Würziges Lebenswasser

Ergibt 1 Liter

3 g Ingwerpulver
4 g Zimtstange
2 g Galgantwurzel
2 g Nelken
1 g getrocknete Pfefferschoten
10 g schwarze Pfefferkörner
½ g Macisblüten
½ g Safranpulver
60 g Zucker
1 l Obstbranntwein (41 Vol.-%)

Alle Zutaten in einem gut verschlossenen Glasgefäß 24 Stunden ziehen lassen, dabei öfter gut rühren. Filtrieren, in Flaschen abfüllen und 3 Wochen an einem kühlen Ort ruhen lassen.

Kinder-Fastnachtspunsch*

Für 4–6 Personen

4 Zitronen, Saft
8 Orangen, Saft
1 Zimtstange
8 Nelken
1 l Wasser
10 Esslöffel brauner Kandiszucker
6 Beutel Hagebuttentee

Zitronen- und Orangensaft mit Zimt und Nelken zum Kochen bringen. Das Wasser mit dem Kandiszucker aufkochen, die Hagebuttenteebeutel hineinhängen und 5 Minuten ziehen lassen. Die Zitrussaftmischung durch ein feines Sieb zum Hagebuttentee gießen. Die Beutel entfernen und den Punsch in vorgewärmte Gläser füllen.

In den katholischen Gegenden gilt als Fastnachtsbeginn meistens der 7. Januar, der Tag nach Dreikönig. Den Schluss bildet Aschermittwoch, mit dem die Fastenzeit einsetzt. Die sogenannte alte Fastnacht, wie zum Beispiel die Basler Fastnacht, findet eine Woche später statt. Zur Fastnacht gehören gutes, reichliches Essen und typische Getränke.

Fastnachtspunsch

Für 4 Personen

4 Zitronen, Saft
8 Orangen, Saft
8 Esslöffel brauner Kandiszucker
1 Zimtstange
8 Nelken
1 l Rotwein
100 ml Rum

Zitronen- und Orangensaft mit Kandiszucker, Zimt und Nelken zum Kochen bringen. Durch ein feines Sieb in einen Topf gießen, den Rotwein hinzufügen und bis kurz vors Kochen erhitzen. Den Rum dazugeben und in vorgewärmte Punschgläser füllen.

Stärkung für Narren und Genarrte!

Eierwein

Für 4 Personen

600 ml Weißwein
200 ml Wasser
16 Stück Würfelzucker
2 Prisen gemahlene Muskatnuss
4 frische Eier

Weißwein und Wasser mit dem Würfelzucker aufkochen, Muskatnuss dazureiben. Die Eier mit 4 Esslöffel der heißen Weißweinmischung schaumig schlagen. Dann den Rest der heißen Flüssigkeit darunterrühren und sofort servieren.

Schokoladenkaffee*

Ergibt 4 Tassen

100 g dunkle Kochschokolade
½ l Milch
2–3 Esslöffel Zucker
1 Eigelb
4 Esslöffel geschlagener Rahm
etwas Zimtpulver

Die Schokolade zerbröckeln und mit 100 ml heißem Wasser in einem Topf über dem heißen Wasserbad zum Schmelzen bringen. Die Milch mit dem Zucker erhitzen, unter ständigem Rühren zur Schokolade geben und nochmals kurz aufkochen lassen.
Das Eigelb in einem Topf verquirlen, die heiße Schokolade darübergießen und nochmals bis knapp vors Kochen bringen. Aufschlagen, in Tassen anrichten und mit geschlagenem Rahm und gemahlenem Zimt garnieren.

Übrigens:
»Kaffee« wird dieses Getränk nach einem alten Rezept genannt, weil seine Farbe an Milchkaffee erinnert.

Eiergrog

Für 4 Personen

4 Eigelb
12 Würfelzucker
100–150 ml Rum
½ l heißer leichter Schwarztee (aus 2 Beuteln Tee)

Eigelbe, Zucker und Rum so lange rühren, bis sich der Zucker vollkommen aufgelöst hat. Den heißen Schwarztee dazugießen, dabei ständig rühren. Heiß servieren und heiß trinken.

Aschermittwochstee*

Gegen Kater

4 Teile Pfefferminze
2 Teile Himbeerblätter
2 Teile Thymian
2 Teile Goldmelisse
1 Teil Ringelblumen
2 Teile Brennnesseln
1 Teil Johanniskraut
4 Teile Schafgarbe

Alle Kräuter mit heißem Wasser überbrühen und kurz ziehen lassen.

Tipp:
Zwei- bis dreimal täglich eine Tasse gibt gute Laune.

Magenbitter

Ergibt 2 Liter

50 g fein abgeschälte Orangenschale
50 g fein abgeschälte Zitronenschale
12 g Sternanis
5 g Anis
8 g Enzianwurzel
8 g Galgantwurzel
5 g Wermut
5 g Tausendgüldenkraut
5 Beutel Grüntee
5 g Kamille
4 g Weinsteinsäure
500 g Zucker
2 l Obstbranntwein (41 Vol.-%)

Alle Zutaten in ein Glasgefäß geben und gut verrühren, so dass sich der Zucker auflöst. Gut verschlossen ungefähr 3 Wochen an einem kühlen Ort stehen lassen, dabei jeden Tag ein- bis zweimal durchschütteln. Durch ein Passiertuch filtrieren, in Flaschen abfüllen und an einem dunklen, kühlen Ort 3–6 Monate ruhen lassen.

Glossar

Abspritzen
Zum Abspritzen mit Zitrusfruchtschale halten Sie ein Stück Schale zwischen Zeigefinger und Daumen über das Glas und pressen es so, dass die ätherischen Öle ins Glas spritzen.

Alkohol, reiner, Weingeist, Spiritus
hat einen Alkoholgehalt von 90–98 Vol.-%. Durch die Zugabe von destilliertem Wasser nach Rezept wird er bis zur gewünschten Stärke verdünnt. Weingeist ist in begrenzten Mengen in Apotheken erhältlich.

Ansetzen
Die zum Ansetzen von Schnaps und Likör verwendeten Gefäße sollten einen möglichst weiten Hals haben. Sehr gut eignen sich Fruchtsaftflaschen mit weitem Hals und Schraubverschluss. Je nach Rezept stellt man die Flaschen an einen warmen, sonnigen Ort oder dunkel und kühl, zum Beispiel im Keller. Nach dem Filtrieren wird der Inhalt in Flaschen beliebiger Form abgefüllt und mit Korken, Schraub- oder Bügelverschluss gut verschlossen.

Beerensirup
Verwenden Sie zum Mixen und Zubereiten von Getränken nur reine Beerensirupe.

Branntwein
besteht zur Hauptsache aus Äthylalkohol und Wasser sowie als Nebenbestandteile aus einer Reihe verschiedener Aroma und Geschmack gebender Stoffe, die in ihrer Gesamtheit das Bouquet der jeweiligen Branntweinsorte kennzeichnen.

Champagner oder Sekt
Zum Aufgießen oder Auffüllen sollte Champagner oder Sekt unbedingt gut gekühlt sein. Drinks, die mit Champagner oder Sekt aufgefüllt werden, vor dem Servieren nochmals kurz vorsichtig umrühren, damit sich die Flüssigkeiten gut verbinden und nicht zu viel Kohlensäure entweicht.

Crushed Ice
Gestoßenes oder gemahlenes Eis mit feiner Körnung. Zur Herstellung von Hand einige Eiswürfel in die Mitte eines Geschirrtuchs oder in einen festen Plastikbeutel geben und mit einer leeren dickwandigen Flasche oder mit der flachen Seite des Fleischklopfers zerkleinern. Das so zerkleinerte Eis mit einem großen Löffel in den Shaker füllen und nach Rezept weiterfahren. Für alle, die sehr häufig Drinks mixen, lohnt sich eventuell eine elektrische oder mechanische Crushed-Ice-Maschine.

Entsaften
Für alle, die häufiger selbst Frucht- und Gemüsesäfte herstellen, lohnt sich die Anschaffung eines elektrischen Entsafters. Unentbehrlich ist ein solches Gerät zum Entsaften festfleischiger Früchte und Gemüse (wie Äpfel, Birnen, Karotten, Sellerie usw.). Ein besonderer Vorteil: Im Vergleich zu anderen Verfahren ist das maschinelle Entsaften besonders schonend; Vitamine, Mineralstoffe und sekundäre Pflanzenstoffe bleiben optimal erhalten, und der Saft ist gesundheitlich entsprechend hochwertig.

Estragontagetes (Bild Seite 81)
stammt aus Mexiko und galt bereits den Azteken als heilig (mit der bekannten Sommerblume, der Studentenblume, hat sie außer dem Namen nichts gemeinsam). Das buschige Gewürzkraut lässt sich einfach aus Samen ziehen. Es bildet im Herbst viele kleine, leuchtende, goldgelbe Blüten mit feinem Anisduft. Die Pflanze kann jederzeit geschnitten werden, um das zarte Grün zu ernten. Die jungen Triebspitzen und Blätter schmecken ähnlich wie feinster französischer Estragon. Das Aroma ist eine Mischung aus Anis und Waldmeister. Neben der vielfältigen Verwendung für pikante Gerichte können die Blätter auch für Getränke und Süßspeisen in Zuckersirup konserviert werden. Mit angewelkten oder getrockneten Blättern lässt sich köstlicher Tee zubereiten.

Filtrieren
Das Filtrieren von angesetzten Schnäpsen und Likören ist sehr wichtig. Je gründlicher die Filtration, desto klarer und ohne Trübstoffe wird das Getränk. Am besten nimmt man dazu ein feines Nesseltuch, Mulltuch (Windel) oder Filterpapier. Das feine Tuch kann in so vielen Lagen übereinander gelegt werden, wie es die Reinheit des Getränks erfordert. Praktisch ist ein mit Tuch ausgelegtes Sieb. Ebenfalls zu empfehlen sind Kaffeefilter aus Papier oder grobes Filterpapier. Vor dem Filtrieren die Flüssigkeit immer gut abstehen lassen, damit sich die Feststoffe absetzen, dann das Ganze sehr vorsichtig abseihen.

Flaschen
müssen vor dem Abfüllen absolut sauber sein. Dazu werden sie gründlich heiß ausgespült.

Früchte, Beeren, Obst
Grundsätzlich nur frische Ware verarbeiten. Die Früchte unbedingt nach der Saison und vollreif verarbeiten, da sich nur dann ihr volles Aroma und ihr Geschmack optimal entfalten. Wenn immer möglich ungespritzte Früchte wählen. Die Früchte vor der Zubereitung gut waschen, eventuell verlesen und beschädigte Stellen wegschneiden, gut abtropfen lassen beziehungsweise trocknen.

Fruchtsirup
Verwenden Sie zum Mixen nur reine Fruchtsirupe. Interessante Geschmacksvariationen ergeben sich mit speziellen selbst hergestellten Sirupen (aus Flieder, Rosen, Holunder usw.).

Gläser vorkühlen
Die Gläser für einige Zeit in das Tiefkühlfach stellen, bis sie mit einem Eisfilm überzogen sind. Oder die Gläser mit Eiswürfeln oder Crushed Ice füllen, bis sie von der Kälte angelaufen sind.

Hefenährsalze
sind Mischungen chemischer Substanzen, welche die Aktivität der Hefe unterstützen und damit die Gärzeit verkürzen. Anwendungshinweise auf dem jeweiligen Produkt beachten und

nur so viel davon verwenden wie notwendig. Hefenährsalze sind in Spezialgeschäften für Kellereibedarf und in manchen Drogerien erhältlich.

Klarer

In Deutschland und Österreich Bezeichnung für einen auf Trinkstärke herabgesetzten und nicht durch Zusätze aromatisierten Alkohol (38–40 Vol.-%). Von verschiedenen Herstellern im Handel erhältlich. Im Gegensatz zum Korn, der immer aus Getreide gebrannt ist, kann der Klare auch aus Kartoffeln hergestellt sein (Wodka). Klare Schnäpse eignen sich ausgezeichnet für selbstangesetzte Schnäpse, Liköre usw.

Klärmittel

dienen dazu, wilde Hefen und andere Mikroorganismen abzutöten, und tragen dazu bei, dass der Wein klar wird. Genau nach den Anwendungshinweisen auf der Packung in Wasser auflösen. Sie sind in Pulver- oder Tablettenform in Spezialgeschäften für den Kellereibedarf und in manchen Drogerien erhältlich.

Kräuter

Kräuter sollten nur trocken und voll ausgereift gepflückt werden. Nicht in gedüngten Wiesen und an viel befahrenen Strassen sammeln. Zum Trocknen Kräuter, Blätter usw. nie direkt an der Sonne, sondern an einem luftigen, schattigen Ort (z. B. gut durchlüfteter Dachboden) auslegen. Wurzeln zum Trocknen in feine Scheiben schneiden. Getrocknete Kräuter lassen sich in fest verschlossenen Dosen oder Gläsern bis zu einem Jahr aufbewahren. Man kann Kräuter auch tiefkühlen (sehr gut eignet sich dazu Waldmeister).

Kräuter für Teebereitung

Dafür eignen sich insbesondere: getrocknete Apfelschalen, Birkenblätter, Brennnesselblätter, Brombeerblätter, Ebereschenblätter, Erdbeerblätter, Heidekrautblüten, Heidelbeerblätter, Himbeerblätter, Holunderblüten, Huflattichblätter und -blüten, Johannisbeerblätter, Kamillenblüten, Fruchtstiele und Blätter der Kirsche, Lindenblüten, Moosbeerenblätter, Pfefferminzblätter, Preiselbeerblätter, Samenkerne und Blüten der Rose, Schafgarbenblütenköpfe, Schlehenblätter, Schlüsselblumenblüten, Blüten der weißen Taubnessel, Ulmenblätter, Waldmeisterblätter und -stengel, Weißdornblätter. (Siehe dazu auch Seite 72.)

Kühlen

Kühlen sollte man nur klare Schnäpse (von Kernobst), weil Steinobst bereits selbst kühlend wirkt. Kräuterschnäpse werden von Kennern nur leicht gekühlt bis handwarm getrunken, da sich das Aroma dann besser entfalten kann.

Lagern

Selbstgemachte Schnäpse, Liköre usw. in der Regel möglichst lange lagern, damit sich Alkohol und Aromen harmonisch verbinden. Am besten an einem nicht zu hellen Ort lagern, da Sonnenlicht den Mixturen schadet und sie verfärbt. Ruhe und lange Lagerung bis zu mehreren Monaten oder gar Jahren sind bei manchen Schnäpsen das eigentliche Geheimnis.

Liköre

Die Herstellung von Likör ist jahrhundertealt; es finden sich bereits Rezepte aus dem 15. und 16. Jahrhundert. Die allerersten Liköre wurden mit Rosenblättern und Rosenblüten parfümiert, man nannte sie in Italien »Rosoli«; gesüßt wurden sie mit Honig. Die besten und zum Teil immer noch streng geheim gehaltenen Likörrezepte stammen von den Mönchen aus den Klöstern.

Als Likör bezeichnet man mit gepressten Fruchtsäften, Kräutern usw. aromatisierte Branntweine, die mindestens 10% Zucker und 20% Alkohol enthalten müssen. Die Herstellung ist sehr unterschiedlich. So kann man Früchte oder Beeren in Branntwein mazerieren und dadurch den gewünschten Geschmack erhalten, oder man kann etwa auch Extrakte verwenden.

Maße

Es gilt folgende Umrechnung der Maße: 100 ml = 10 cl = 1 dl = 1⁄10 l. Kleine Flüssigkeitsmengen (unter 1 dl bzw. 100 ml) werden wie im Barbereich üblich in cl angegeben; 1 Schnapsglas = 2,5 cl (25 g). Bei Verwendung der üblichen Haushaltsmessgrößen gilt: 1 Esslöffel = 12–15 ml, 1 Teelöffel = 5 ml oder 1–2 g; 1 Tasse = ¼ l; 1 Flasche (Wein usw.) = 750 ml. Flüssigkeiten kann man auch durch Zuwiegen abmessen, dabei gilt: 50 ml = 50 g, 100 ml = 100 g usw.

Bei einzelnen überlieferten Rezepten mit Mischungen einer großen Zahl besonders geschmacksintensiver Kräuter- und Würzzutaten finden sich zum Teil kleinste Dosierungen (um oder unter 1 g); für ein optimales und geschmacklich befriedigendes Resultat empfiehlt es sich, diese Mischungen in der Apotheke zusammenstellen zu lassen.

Mazerieren

bedeutet ziehen lassen, damit sich die Gewürze optimal mit der Flüssigkeit verbinden.

Natriumbenzoat

wird zum Haltbarmachen von kalt angesetzten, nicht pasteurisierten Sirupen und Limonaden verwendet. Auf 6 Liter Flüssigkeit (Limonade) nimmt man 1 g Natriumbenzoat, das mit etwas Limonade angerührt und dann unter die übrige Flüssigkeit gemengt wird. In Flaschen abgefüllt, gut verschlossen und kühl gelagert hält sich das Produkt dann, ohne zu schimmeln, etwa 1 Jahr. Natriumbenzoat ist in Apotheken und Drogerien erhältlich.

Parakresse (Bild Seite 81)

die prickelndeste aller Gewürz- und Heilpflanzen, ist in Brasilien (Region Para) und um den Indischen Ozean heimisch. Die Pflanze hat einen niedrigen, dekorativen Wuchs und gedeiht im Sommergarten und im Topf. Für die frische Verwendung erntet man Blätter und Blüten. Neben dem Einsatz für salzige Gerichte verleihen sie auch Süßem eine prickelnde Würze, zum Beispiel über frische Erdbeeren gestreut oder für Früchte- und Beerendrinks. Die Blüten sind besonders reich an Wirkstoffen und wollen mit Vorsicht genossen sein. Ihr Geschmack entwickelt sich im Mund langsam von angenehm pikant-prickelnd zu leicht pfeffriger Würze. Ein Biss in eine Blüte ist ein Erlebnis, das man lange nicht vergisst!

Pürieren im Mixer
Den Mixer so lange laufen lassen, bis die Früchte usw. vollständig püriert sind und eine homogene Flüssigkeit entstanden ist.

Sago
ist ein aus der Sagopalme gewonnenes Stärkeprodukt in Form kleiner Kügelchen. Zum Aufquellen werden diese in viel Wasser kurz gekocht, dann mit kaltem Wasser abgespült und durch ein Sieb abgeschüttet. Verstärkt den Geschmack und bindet Flüssigkeit.

Schaumwein
Flaschen, Korken und fertige Drahtkörbchen für selbstgemachten Sekt oder Schaumwein können bei Geschäften für den Kellereibedarf bestellt werden (Adressen über Weinbaufachschulen zu erfragen).

Schnaps
Unter dieser Bezeichnung versteht man einen auf Trinkstärke (38–42 Vol.-%) herabgesetzten, nicht durch Zusätze aromatisierten Alkohol, der aus Birnen- oder Apfeltrester gebrannt wurde. Sehr gut geeignet zum Selbstansetzen von bereits aromatisierten Schnäpsen und Likören.

Serviertemperatur
Drinks müssen unbedingt kalt serviert werden und sollten auch unverzüglich genossen werden, damit sie sich nicht erwärmen.

Spirituosen
(wie Wodka, Gin, Rum) für Mixgetränke sollten immer kalt verwendet werden.

Tapioka
Ein Stärkemehl aus der Wurzelknolle des Manioks, dient als Bindemittel und als Geschmacksverstärker für klare Suppen und Saucen. Tapioka war in früheren Zeiten sehr verbreitet und wird heute noch viel in der asiatischen und afrikanischen Küche angewendet. Auf ½ Liter Wasser nimmt man etwa 2 Esslöffel Tapioka. Die kleinen weißen Kügelchen in viel kochendem Wasser aufkochen, dann 5 Minuten ziehen lassen, sofort mit kaltem Wasser abkühlen und durch ein Sieb abgießen. Erhältlich in Delikatessengeschäften und im Reformhaus.

Trinkhalme
Drinks mit Eiswürfeln oder Crushed Ice immer mit dicken Halmen servieren. Die Trinkhalme je nach Höhe des Glases mit einer Schere auf die gewünschte Länge kürzen. Drinks ohne Eis serviert man in der Regel ohne Trinkhalm.

Wasser
Das zur Schnapsbereitung verwendete Wasser sollte möglichst rein sein. Daher wegen seiner Kalkhaltigkeit statt des häuslichen Leitungswassers besser destilliertes Wasser nehmen; sehr kalkhaltiges Wasser macht das Getränk trübe. Destilliertes Wasser ist in Apotheken und Drogerien erhältlich.

Ziehen lassen
Bei Beeren, Früchten und Wurzeln dauert es von einer Woche bis zu einigen Monaten, bis das Aroma in den Alkohol übergegangen ist, bei frischen oder getrockneten Kräutern, Blüten oder Blättern hingegen nur wenige Tage; bei längerem Ziehenlassen wird das Getränk sonst zu bitter.

Zitronensäure
eignet sich sehr gut zum Konservieren von Sirupen. Zitronensäure ist in Pulverform in Drogerien und Apotheken erhältlich.

Zitrusfrüchte
Verwenden Sie wenn immer möglich und insbesondere für Getränke, für welche die Schale benötigt wird, ungespritzte Früchte aus biologischem Anbau. Die Früchte vor dem Verarbeiten heiß abspülen.

Zuckerrand
Um ein Glas mit einem Zuckerrand zu verzieren, machen Sie in einer Zitronenhälfte einen Einschnitt und befeuchten damit den Rand des umgekehrten Glases (damit kein Saft ins Glas läuft), oder Sie tauchen den Rand in ein Gefäß mit Zitronen-, Orangen-, Grapefruitsaft oder Sirup. Anschließend tauchen Sie den Glasrand in Zucker.

Zuckersirup, Läuterzucker, Zuckerlösung
Die verschiedenen Begriffe bezeichnen unterschiedliche Konzentrationen von Zucker-Wasser-Lösung.
Für frische Fruchtsaft-Mixgetränke wird 1 kg Zucker mit 1 l Wasser aufgekocht und verrührt, bis sich der Zucker aufgelöst hat, dann auskühlen lassen und in Flaschen abfüllen. Bis zum Gebrauch kühl aufbewahren.
Für das Ansetzen von Schnäpsen ist eine Zuckerlösung unentbehrlich. Dafür auf 1 kg Zucker ½ l Wasser nehmen; wer einen weniger süßen Schnaps möchte, reduziert die Zuckermenge nach Geschmack. Das Wasser-Zucker-Gemisch etwa 8 Minuten kochen und eventuell abschäumen. Dann den Topf vom Feuer nehmen und die Lösung langsam erkalten lassen, bevor man sie weiterverarbeitet.

Zucker kalt auflösen
Um Zucker in kalten Flüssigkeiten aufzulösen, mit dem Handmixer etwa 5 Minuten mixen, bis der Zucker vollständig aufgelöst ist. Dabei nur auf mittlerer Stufe arbeiten; der Saft soll beim Mixen nicht schäumen.

Dank

Ich habe viele Gründe zu danken und tue dies von Herzen.

– Dank an meine Eltern, die mir die Sensibilität gegeben haben zu spüren, dass uns die Natur mit so vielen Köstlichkeiten beschenkt.

– Dank an alle, die mit Rezepten und Anregungen zur Realisierung dieses Buches beigetragen haben.

– Ein ganz besonderer Dank gilt meiner Brigade, Andrea Stange für die Schreibarbeiten, der Fotografin Ulla Mayer-Raichle sowie dem AT Verlag, besonders Urs Hunziker und Monika Schmidhofer.

– Dank geht auch an die Firma Haecky Drink & Wine AG, die Firma Egon Kreis für die Gläser, die Firma Gartenbau Wyss, Dr. Maurin Oberholzer und Ruedi Luterbacher.

Und nicht zuletzt danke ich auch Ihnen, dass Sie dieses Buch gekauft haben, es häufig gebrauchen und weiterschenken. Sie werden sehen, bei der nächsten Einladung kommt der Dank in Form eines köstlichen Drinks an Sie zurück!

Rezeptverzeichnis

März

April

Mai

Juni

September

Oktober

Die Bücher von Oskar Marti im AT Verlag

Der Spitzenkoch und Pionier der Naturküche lässt sich auf seinen Streifzügen durch Feld, Wald und Garten zu kulinarischen Höhenflügen inspirieren. Mit 160 Rezepten, begleitet von einer Fülle an Farbfotos.

In den vier stimmungsvoll farbig illustrierten Büchern werden die Jahreszeiten in ihrer ganzen Kraft und Fülle gefeiert – mit vielen Rezepten für traditionelle, aber auch neue Gerichte und begleitenden Texten und Impressionen zum Jahreslauf.

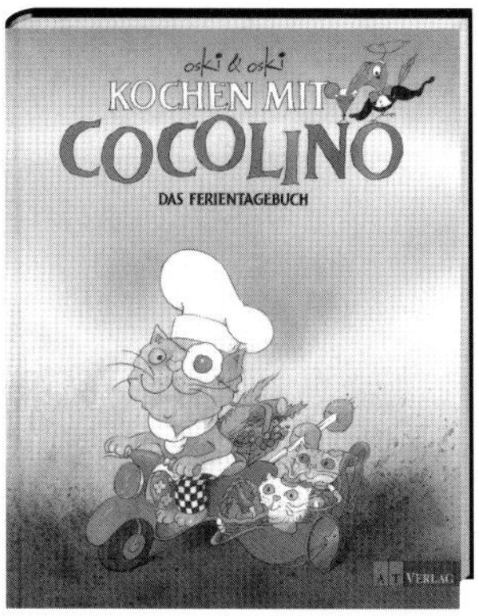

»Cocolino« – ausgezeichnet mit der Goldmedaille und dem Sonderpreis der Gastronomischen Akademie Deutschlands GAD als »bestes Kinderbuch, das die Preisrichter je bewertet haben«.